Klaus J. Stöhlker
Die Schweiz im Herbst

Klaus J. Stöhlker

Die Schweiz im Herbst

OFFIZIN Zürich Verlag GmbH

Impressum

© 2015 OFFIZIN Zürich Verlag GmbH

Alle Rechte vorbehalten.
Kein Teil dieses Buches darf ohne schriftliche Genehmigung des Verlags reproduziert werden, insbesondere nicht als Nachdruck in Zeitschriften oder Zeitungen, im öffentlichen Vortrag, für Verfilmungen oder Dramatisierungen, als Übertragung durch Rundfunk oder Fernsehen oder in anderen elektronischen Formaten. Dies gilt auch für einzelne Bilder oder Textteile.

Titel- und Autorenbild: privat
Lektorat: Christine Krokauer, Würzburg
Gestaltung und Satz: Christoph Krokauer, Würzburg
Druck und Einband: CPI books GmbH, Ulm
Verwendete Schriften: Adobe Jenson Pro
Papier: Umschlag, 135g/m², Bilderdruck glänzend, holzfrei;
                         Inhalt, 90g/m², Werkdruck bläulichweiss, 1,75-fach, holzfrei

ISBN 978-3-906276-13-7
Printed in Germany

www.offizin.ch

Inhalt

VORWORT   7

KAPITEL 1
Die Schöpfung   27

KAPITEL 2
Die Hybris   49

KAPITEL 3
Die grosse Blase   69

KAPITEL 4
Männer, Macht und Medien   105

NACHWORT
Die grosse Ratlosigkeit   133

Vorwort

Wenn der Italo-Kanadier Sergio Marchionne mit seinem roten Ferrari F1 die Autobahn bei Zug verlässt, um durch die ehemalige Innerschweizer Zollstation Zug sein Heim über dem Zugersee zu erreichen, dreht sich in der seit einer Generation boomenden Schweizer Mittelstadt kein Mensch mehr um. Der immer noch jugendliche Ferrari-Chef, dem die Rettung des Fiat-Konzerns zu verdanken ist, hat wie Hunderte anderer schwerreicher Ausländer seinen Sitz seit langem in der Schweiz, die ihm, als pauschal besteuertem Ausländer, einen günstigen Lebensrahmen bietet. Seine Arbeit spielt sich zwischen Turin, London und Washington ab. Sein Marktplatz ist die Welt. Aus seinem Wohnzimmer hat er einen weiten Blick über den meist stillen See, umgeben von sanften Hügeln und steil aufragenden Bergen. Marchionne nimmt die Schweiz wahr als das, wonach die meisten Menschen sich sehnen: ein Paradies.

Am anderen Ende des Landes, in Lausanne am weitaus grösseren Genfer See, hat der Schweizer amerikanischer Schule Patrick Aebischer die schönste Hochschule des Landes gebaut, die Eidgenössische Technische Hochschule Lausanne, von wo aus er zusammen mit der Waadtländer Regierung und bedeutenden Industriellen der Westschweiz dem vor einer Generation noch schläfrigen Weinbauern-Bogen am Lac Léman eine neue Vitalität verpasst hat, die der ganzen Region einen bedeutenden Wohlstand gebracht hat.

Weltfirmen wie Rolex und Omega reissen sich darum, in dieser Region zu investieren, hinter ihnen Dutzende der grössten Konzerne der Welt, angeführt von Nestlé und Philip Morris. Sonst zurückhaltende Schweizer Milliardäre steigen aus ihren Villen herab, um Hunderte von Millionen Franken in neue «hubs» zu investieren, die biotechnologische oder IT-Forschung betreiben.

Innerhalb weniger Jahre sind Zehntausende sehr gut bezahlter Jobs geschaffen worden, welche das Seeufer zwischen Lausanne und Genf zur neuen und echten Goldküste der Schweiz gemacht haben. Denn Genf ist die eigentliche globale Hauptstadt der Schweiz, wo sich die grössten internationalen Organisationen die Hand geben und die Konferenzen der wichtigsten Politiker der Welt wie eine Perlenkette der Macht funkeln. Das IOC, das Internationale Olympische Komitee, ist in Lausanne gelegen, eine gute halbe Fahrstunde vom Flughafen Genf entfernt, wo mehr grosse Privatflugzeuge als sonst in der Schweiz stehen. Die noch mächtigere FIFA, der Weltfussballverband, unter Führung ihres Erbauers, des Wallisers Sepp Blatter, ist im alten Wirtschaftszentrum der Schweiz, in Zürich geblieben. Sie duckt sich, oberhalb Zürichs gelegen, in eine kleine Talmulde, von wo die Impulse ausgehen, die den Fussball zur wichtigsten Sportart der Welt gemacht haben.

Ist Zürich das alte Wirtschaftszentrum der Schweiz? Es sieht ganz so aus, denn eine Autofahrstunde nordwestlich, im deutsch-französisch-schweizerischen Rheindreieck, wird eine andere Schweizer Stadt mit Riesenschritten in die Zukunft gejagt: Basel. Zuerst hat dort der im freiburgischen aufgewachsene Bündner Daniel Vasella einen Pharmacampus von Weltklasse hingelegt, einen Basler Olymp, an dem die besten Architekten der Welt heute noch arbeiten. Was Novartis noch konnte, eine grosse Fläche am Rhein belegen, blieb dem benachbarten Konzern Hoffmann-La Roche verwehrt.

Die reichste Familie Basels liess auf dem rechten Flussufer des Rheins einen 200 Meter-Büroturm modernster Bauart in die Höhe ziehen, dem in Kürze ein zweiter noch höherer folgen soll. Schon heute blickt der neue Roche-Turm von oben in die engen Gassen des mittelalterlichen Basler Stadtkerns hinein. Das weltbekannte Basler Münster, Symbol der Freiheit und des Basler Humanismus, bleibt die Herrin der Basler Altstadt. Das neue Basel plant derzeit weitere zwanzig Hochhäuser.

Wie den Baslern, wo einige der weltbesten Architekten wohnen, der Knopf aufgegangen ist, war dies auch in Lausanne der Fall. Wie in Zug das erfolgreichste Steuermodell der Schweiz entwickelt wurde, das den Wohlstand, der heute landesweit verteilt wird, katapultartig in die Höhe jagte, damit die reichsten Unternehmen der Welt in die Schweiz kamen, stieg das geheimnisvollste Land im Herzen Europas, die Schweiz, zu jenem El Dorado auf, das die Europäer immer schon gesucht hatten. Die Schweiz verjüngt sich seit über einer Generation in die an Kraft gewinnende Globalisierung hinein. Ich habe den heimlichen Aufstieg dieser global orientierten A-Schweiz von der ersten Stunde an miterlebt und den Kampf der «alten» Schweiz, die ich die B-Schweiz nenne, nicht übersehen.

Dem Schweizer Volk, das in 26 Kantonen in hoher Selbständigkeit lebt, ist dieser Prozess nicht immer leicht gefallen. Was zuerst die Anwälte und Treuhänder, die Immobilienbesitzer und Bankiers, aber auch die Hoteliers und Gastronomen, ja das ganze Land bereicherte, ergriff die Bauern- und Gewerbefamilien ebenso. Nicht nur hatte man drei Kriege überlebt, zwei Weltkriege und den Kalten Krieg zwischen Ost und West, jetzt stiegen die Saläre und Jahreseinkommen bald einmal auf Rekordniveau, was auch die Lehrer an den Schulen zu den bestbezahlten der Welt machte, ebenso die Professoren an den Universitäten, die Angestellten und Beamten in den staatlichen Verwaltungen bis hin zu den Coiffeuren und dem Servierpersonal in den «In»-Restaurants des Zürcher Seefelds.

Wer arbeiten wollte, verdiente viel Geld, jedenfalls mehr, als man im Ausland verdienen konnte. Der aus Ägypten stammende

Barmann in der Zürcher Innenstadt arbeitet vier Tage an der Limmat und ernährt davon seine vierköpfige Familie in Berlin-Kreuzberg. Am Wochenende fliegt er zurück nach Berlin, weil die Fluggesellschaften Billigtarife anbieten, ganz wie die vielen Bankmanager an der Zürcher Bahnhofstrasse, die am Wochenende ihre Familien in New York City, London und Kapstadt aufsuchen.

Zürich, seit über 150 Jahren wirtschaftlicher Mittelpunkt der Schweiz, von Gordon A. Craig gefeiert als europäisches Zentrum des 19. Jahrhunderts, wo Geld und Geist sich die Hand geben, hat seit sechs Jahren den Zusammenbruch des Schweizer Finanzplatzes am schmerzhaftesten erleben müssen. Die Schweizer Hauptstadt der Banken, Versicherungen und der IT-Industrie, der grossen Treuhandfirmen und Unternehmensberatungen ist in eine bedrohliche Wachstumskrise geraten, deren Ende nicht abzusehen ist. In Zürich, wo die beiden Familienclans der Ringier und der Coninx auch die grössten Verlagshäuser der Schweiz beherrschen, dehnt sich das Wort von der Krise sehr rasch aus. Von Erfolg schreibt nur, wer seinen Job noch nicht verloren hat.

Craig, der beste Historiker, den Zürich je hatte, beschrieb Zürich im Zeitalter des Liberalismus, wo Alfred Escher Banken, Versicherungen, Hochschulen, Eisenbahnlinien und sogar den Gotthardtunnel aus dem Boden stampfte. Sein eigenes Volk dankte es ihm nicht und stürzte ihn, worauf er früh verstarb. Es war die Zeit Gottfried Kellers, dessen Werke heute noch in der ganzen Welt gelesen werden, die Zeit, als man Gottfried Semper, den grössten deutschen Baumeister, nach Zürich holte, um den Erfolg freier Bürger in Stein zu verewigen.

Europa stöhnte unter dem Joch seiner Fürsten, Könige und Kaiser; die freien Schweizer, und die Zürcher allen voran, zeigten, wie man besser und erfolgreicher leben kann. Musiker, Dichter, Maler und Politiker strömten aus dem Ausland in die Schweiz, vor ihren Herrschern fliehend.

Es folgten 150 Jahre, wo Zürich und die Schweiz vor Selbstvertrauen strotzten. Zürich hat keinen Gottfried Keller mehr, wie die Schweiz keinen Schriftsteller mehr hat, der den Wandel zu fassen vermag. Solche Menschen wachsen in der Spannung, die zwischen Alt und Neu entsteht. Wer nur das Alte als gut und richtig empfindet, sieht das Neue nicht oder lehnt es sogar ab. Kein Theodor Mommsen lehrt mehr an den Zürcher Hochschulen, kein Friedrich Theodor Vischer spaziert mehr durch die Strassen der Altstadt. Die ETH Zürich, Arbeitsplatz vieler Nobelpreisträger, sucht den Anschluss an die Weltspitze zu halten; die Universität Zürich taumelt von Krise zu Krise.

«Das neue Zürich hat eine Generation Freiheit geboren, die aber auch eine Generation Angst ist» schreibt jener Mann, der heute mehr als andere die Zürcher Gesellschaft zusammen hält: Martin Meyer, seit bald dreissig Jahren Chef des Feuilletons der «Neue Zürcher Zeitung», dem während über 230 Jahren intellektuellen Flaggschiff des Zürcher und Schweizer Bürgertums. Meyer, der von der Gesellschaft für Aussenpolitik bis hin zu den Rotariern der Bahnhofstrasse die Programme bestimmt, sucht zu vermitteln, was immer mehr sich der Vermittlung entzieht, beklagt er doch mannigfache Bedrohungen eines erst kürzlich als gesichert geltenden Lebensgefühls. Die in Zürich herrschende Angst sei die Folge zentraler Enttäuschungen. Die freie Marktwirtschaft habe nach 1989 keineswegs solche Wunder vollbracht, wie man von ihr erwartet habe. Die Finanz- und Schuldenkrise bedrohe den Lebensstandard heutiger und morgiger Generationen. Der Jihadismus stehe vor der Tür und niemand habe auf ihn eine Antwort.

Gordon A. Craig, der das aufblühende Zürich des 19. Jahrhunderts beschrieb, und Martin Meyer, der das absteigende Zürich des beginnenden 21. Jahrhunderts als Zeitzeuge erlebt und in seine Auftritte einbringt, sind Pole einer Entwicklung, die ich den Herbst der Schweiz nenne. An den äusseren Rändern der Gesellschaft, in den Bergregionen und in schwachen Wirtschaftsbranchen, die dem globalen Wettbewerb nicht standzuhalten vermögen, zeigt sich der Niedergang offen. Jeder siebte Schweizer versteuert ein Millionenvermögen, aber vierzig Prozent aller Schweizer haben kein Vermögen. Die zunehmende Verarmung breiter Teile der Schweizer Gesellschaft ist so offensichtlich, dass der Bundesrat sich aufgerufen sah, eine Studie zur Zukunft des Finanzplatzes zu bestellen, wo zur Mässigung bei Schuldzinsen aufgerufen wurde.

Das Immunitäts-System der alten Schweizer Gesellschaft bricht zusammen. Aus den alten Schweizern, die ihren Lebenssinn aus Mythen und Begegnungen geschöpft haben, werden neue Schweizer, zu vierzig Prozent bereits zugewanderte Ausländer und deren Nachkommen, und Konsumschweizer, die an historischen Zusammenhängen kein Interesse mehr haben.

Das von bürgerlichen Kreisen hochgehaltene Prinzip der Subsidiarität, wo möglichst viel persönliche und strukturelle Verantwortung nach unten verlagert wird, bedeutete bis vor zwei Generationen: Unten wird geleistet, oben geleistet und gespart. Seither wurde das Modell auf den Kopf gestellt: Von unten wird möglichst viel geholt, das oben ausgegeben, investiert oder verschwendet wird.

Das Schweizer Volk, von den Folgen und Risiken der Globalisierung hin- und hergerissen, zu grossen Teilen schon verarmt, wird nun auch seinen Mittelstand opfern müssen, um den Weg in die Globalisierung nicht zu gefährden. Während viele Einkommen stagnieren, steigen die Energie-, Verkehrs- und Kommunikationskosten überproportional an. Weil die Unternehmen künftig kaum noch Steuern bezahlen werden, wird die weitere Belastung des Mittelstands unvermeidlich.

Gleichzeitig baut das öffentliche Schulsystem seine Leistungen ab; wer kann, schickt seine Kinder schon lange in Privatschulen, am besten in den USA oder England, aber auch in die englischsprachigen International Schools, das französischsprachige Lycée Français in Gockhausen bei Zürich oder in die Privatschule des Benediktiner-Klosters Einsiedeln. Nie zuvor gab es in den kantonalen Verwaltungen, den städtischen Verwaltungen und denen des Bundes so viele Organisations- und Bestechungsskandale, personelle Fehlbesetzungen und Krisenfelder wie heute.

Ich beobachte, wie das einst starre Land eine Dynamik annimmt, die nicht allen gefällt. Das Volk sucht die Bewahrung des Vergangenen, wobei der Blick nicht weit zurück reicht. Die Prediger neuer Bescheidenheit werden zahlreicher, ganz wie im Mittelalter, wo es hiess: «Bereut Eure Sünden, denn die letzte Stunde ist nahe.»

Ich nenne das Buch auch deshalb «Herbst der Schweiz», weil im Oktober nationale Wahlen anstehen. Dr. Christoph Blocher, Milliardär und Vordenker der von ihm geschaffenen Schweizerischen Volkspartei, muss schon aus Altersgründen alles auf eine Karte setzen, um diese Wahlen zu gewinnen. Ist dies nicht der Fall, müsste er eigentlich zurücktreten. Aber wie kann man von etwas zurücktreten, das Teil der eigenen Identität ist? Wir werden es erst im Herbst erfahren.

Auch Christophe Darbellay, der Präsident der CVP, führt seinen letzten nationalen Wahlkampf. Die Aussichten sind dort ebenso unsicher wie bei den Freisinnigen, wo Präsident Philipp Müller schon heute als Verlierer gilt.

Die Sozialdemokraten können ihren Anteil halten oder sogar leicht steigern, weil sie längst nicht mehr die Partei der Arbeiter, sondern die der Staats-, Gesundheits- und Hochschulangestellten sind. Christian Lévrat kann wenig falsch machen, wenn er deren Wünsche berücksichtigt. Die Grünen sind in einer Führungskrise wie die Grünliberalen auch. Es ist meine Vorhersage: Der Herbst wird keine Erneuerung bringen, sondern die Innenpolitik der B-Schweiz wird weiter zusammenfallen wie ein Soufflé, dessen Zeit abgelaufen ist.

In der globalisierten A-Schweiz, wo jeder zwanzigste Schweizer, fünf Prozent der Bevölkerung, sein Auskommen findet, herrscht keine Angst, sondern der Wettbewerb. Wer mit Wissen und Kompetenz dort aufzusteigen vermag, kann ein grossartiges Leben führen. Es gibt dort kaum noch Heimatschutz, es sei denn für wenige Funktionen im Verwaltungsrat oder der Konzernleitung, aber es wehen dort die Winde der Zukunft, die man in der B-Schweiz vermisst. Über die Hälfte der Schweizer Bevölkerung kann sich den Aufenthalt im eigenen Land nur leisten, weil es Zuschüsse für Wohnungen, Krankenkassen und sogar Verkehrsdienstleistungen gibt. Das Netz der Sozialleistungen ist gross, wenig übersichtlich und immer öfter schlecht verwaltet. Bauern, Verleger, Konzerne und Kleinbetriebe rufen nach offenen oder stillen Subventionen. Wer zahlen muss, ächzt; die Empfänger loben entweder die soziale Schweiz oder eine Schweiz, die Verantwortung übernimmt.

Es ist überraschend, wie wenig das Schweizer Volk sich dieser Entwicklung bewusst ist. Dies mag damit zusammenhängen, dass die Entwicklungen zu schnell verlaufen, täglich von Ereignissen berichtet wird, die nur professionelle Beobachter in den Zusammenhang bringen können, und kaum jemand willens ist, diese Zusammenhänge zu erläutern.

Von der SRG, dem Schweizer Radio und Fernsehen, kann kaum Einsicht verlangt werden. Roger de Weck, der Präsident der Generaldirektion des nationalen Spitzenmediums, hat es sich zur Aufgabe gemacht, die Balance im Land zu erhalten. Er will mit seinen über zwanzig Sendern stützen, was immer mehr ins Ungleichgewicht gerät. Aus diesem Grund hält dieser intelligente Vertreter der offiziellen Schweiz seit zwei Jahren nur Vorträge zu technischen Fortschritten seiner Sender. Weil er mit Sicherheit die grösseren Zusammenhänge sieht, schweigt er zu allem anderen.

Die Menschen sind in hohem Masse schlecht orientiert, weil die Schweizer Verleger mehr über die Technik ihrer Kleinverlage als über redaktionelle Inhalte nachdenken. Sie haben während Jahrzehnten Druckereien und neue Verwaltungsgebäude gebaut, aber kaum in ihre Redaktionen investiert. Wer Schweizer Zeitungen liest, findet dort eine Praxis der Selbstbewunderung und der boulevardesken Gegenwart, die keinen Einblick in die wirklichen Veränderungen gibt.

Zwei aktuelle Beispiele machen deutlich, welche dramatischen Veränderungen die Wissensbasis des ganzen Schweizer Volkes bedrohen. Es sind Veränderungen in den grossen Verlagen, die ungerne wahrgenommen und formuliert werden. Die Journalisten selbst sind zu abhängig geworden, um unabhängig kommentieren zu dürfen. Mehr denn je geht es um persönliche Karrieren, wo jeder falsche Satz die soziale Position bedrohen kann.

Die «Neue Zürcher Zeitung», das Flaggschiff des Deutschschweizer Bürgertums, ist Ende des vergangenen Jahres in eine

Führungskrise geraten, die niemand erwartet hat, die aber vorauszusehen war. Etienne Jornod, Präsident des Verwaltungsrates des einstigen Weltblattes, wollte mit Martin Somm einen neuen Chefredaktor wählen lassen. Sein Verwaltungsrat, dessen Mitglieder sich nicht über besondere Kompetenzen auszeichnen, aber von ihrer eigenen Bedeutung überzeugt sind, stimmte seinem Wahlvorschlag zu. Etienne Jornod, der als grösster Apotheker der Schweiz im Auftrag vorwiegend amerikanischer Aktionäre und eines Schweizer Finanzspekulanten Karriere gemacht hatte, erkannte die Bedeutung der Wahl dieses rechtsfreisinnigen und Christoph Blocher nahen Chefredaktors nicht. Er löste, einmalig in der Geschichte dieses konservativen Verlags, eine Revolte der Redaktion aus. Anfang dieses Jahres wusste noch niemand, wie die Führungskrise dieser serbelnden Zürcher Zeitung gelöst werden sollte.

Wenig hilfreich war in dieser Situation der neue «Chief Executive Officer» des Traditionsverlags, der österreichische Diplomatensohn Veit Dengler, der bei der Wahl des Chefredaktors offensichtlich nichts zu sagen hatte.

Diese Krise in der Hauptstadt der einstigen Wirtschaftsliberalen der Schweiz, wo schon mit Hugo Bütler ein wenig erfolgreicher Chefredaktor zwanzig Jahre das schwächelnde Kommando an der Spitze der NZZ geführt hatte, und ein Urner Anwalt, der sich als Hochwasser-Bekämpfer einen Namen gemacht hatte, Franz Steinegger, als Mitglied des VR's und dessen Präsident, dem Verlag kein Glück gebracht hatte, zeigt überdeutlich den Zusammenbruch der alten liberalen Schweiz. Das Ende einer 200-jährigen Geschichte lässt sich ablesen am parallelen Niedergang der Freisinnigen Partei und ihres Hausorgans, der «Neue Zürcher Zeitung».

Natürlich wird dies bestritten, wie der Niedergang des British Empire auch, das vor achtzig Jahren noch grosse Teile der Welt regierte, dann von Premierminister Winston Churchill ruiniert wurde, und wo heute die beiden wichtigen Flügel von «Great Britain», Schottland und Wales, die Unabhängigkeit von «Old England» suchen. Die Freisinnigen waren eine Schweizer Macht; sie sind es nicht mehr.

Das Schweizer Volk kann ohne die «Neue Zürcher Zeitung» leben, denn deren gut 200 000 Leser machen nur eine Minderheit der Menschen aus, die in der Schweiz leben. Viel entscheidender war vor wenigen Wochen der Verkauf der Magazine des Ringier Verlags an eine gemeinsame Holding mit dem Berliner Axel Springer Verlag. Ringier, der einst grösste Verlag der Schweiz, der während mehr als zwanzig Jahren einer eigentlichen intellektuellen Führung entbehrte, verkaufte seine Ausland- wie nun auch Inlandobjekte immer mehr an die Supermacht aus dem Norden. Unter Beteuerungen der Selbständigkeit findet ein Ausverkauf einst stolzer Schweizer Verlagsinteressen an die Deutschen statt. Damit wird bei Schweizer Spitzenmedien nachvollzogen, was auch die Banken und die Maschinenbau-Konzerne der Schweiz bereits hinter sich haben: Schlüsselentscheide fallen nur noch unter Berücksichtigung deutscher, amerikanischer, englischer, arabischer oder russischer Interessen.

Ist die Schweiz nun eines der wunderbarsten Länder der Erde, wo man lebt wie Gott in Frankreich? Oder ist es ein Land, wie andernorts auch, wo die Interessen weniger Minderheiten den Tagesablauf der Mehrheiten bestimmen? Tatsache ist, dass die Meinungen darüber auseinandergehen. Die Schweiz ist wie ein Garten, das schönste Land der Erde, denn es ist voll erschlossen, paradiesisch im Konsumverhalten für jene, die für einen Lunch pro Kopf mehr als 200 Franken ausgeben können, ohne einen Kleinkredit oder eine Hypothek zu haben.

Mein Freund im Zürcher Oberland ist ein vollkommen unbekannter Notar, hat aber ein schönes Haus und ein wenig Bargeld geerbt. Seine gut bezahlte Position ist vorläufig absolut sicher und hoch rentabel. Seine Partnerin ist Physiologin aus Deutschland und wird in der Schweiz doppelt so gut bezahlt wie in Deutschland. Dieses Paradies gibt es in Europa sonst kaum noch.

Der mittelklassige Normalschweizer, oft während Jahren bildungsunwillig, weil es ihm ohnehin gut geht, macht die Faust im Sack. Seine Partnerin kommt aus Thailand, weil keine Edelschweizerin ihn heiraten möchte und ihm das Selbstvertrauen fehlt, solches überhaupt zu wagen. Daraus entstehen gewaltige Ressentiments.

Das Schweizer Volk ist sich derlei bewusst, aber es macht keine Anstalten mehr, dem einen eigenen Willen entgegenzusetzen. Draussen in den Talschaften des Emmentals, der Inner- und der Ostschweiz, gibt es noch jene, meist staatlich subventionierten Urschweizer, die den Gast mit einem freundlichen Jodel begrüssen. Diese «Suisse primitive», wie die Welschen sagen, lebt weiter. Sie besucht Schwingfeste, veranstaltet Kuhkämpfe und findet sich auf Einladung der Schweizerischen Gemeinnützigen Gesellschaft einmal jährlich auf der Rütliwiese ein. Ob diese Volkskultur noch eine oder zwei Generationen überdauert, spielt keine Rolle; sie ist in ihre Endzeit vor der musealen Phase bereits eingetreten.

Ihr steht eine Schweiz gegenüber, die multinational und global ist. Sie lebt in Basel, Genf, Lausanne, Zug und rund um die Schweizer Seen. Dort leben Holländer mit Amerikanern und Kanadiern zusammen, werden neue Börsenprodukte und Edelmetalle gehandelt, gehen Schweizer Firmen über den Tisch der Banken wie andernorts Brötchen in die Tasche des Singles, der nicht mehr zuhause frühstückt.

In dem Masse, wie die bewundernswerte alte Schweiz des 18. bis 20. Jahrhunderts abstirbt, wächst die neue Schweiz des 21. Jahrhunderts. Wenn Sergio Ermotti, der CEO des UBS-Konzerns, sagt, diese Schweiz werde demnächst von Hongkong und Singapur überholt, dann meint er den Finanzplatz, nicht die weiten Landschaften zwischen Rhône und Rhein, wo wir heute noch ein irdisches Paradies erleben.

Wie die Fugger, die Medici und die venezianischen Dogen nach Jahrhunderten grosser Erfolge die Kraft verloren, an der Spitze der Entwicklung zu bleiben, haben auch die grossen Schweizer Geschlechter der Merian, der Reinhardt, der Bodmer und der Escher die Energie und den Willen verloren, ihre Zukunft und die ihres Landes zu gestalten. Die Eidgenössische Technische Hochschule in Zürich und die Universität Zürich haben vor 150 Jahren die Zukunft nicht nur der Schweiz, sondern auch Europas mitgestaltet. Sie waren Ausdruck der Aufbruchsstimmung, wie sie auch an der Universität Basel herrschte, die zu den ältesten und stolzesten Europas zählte. Aus der Geborgenheit der Schweiz entstanden Spitzenleistungen, die mit Paris, Berlin und London mithalten konnten. Schweizer Unternehmer waren daran beteiligt, Afrika, Lateinamerika und Asien mitzuerobern. Sie vertraten keine Kolonialmacht, waren aber gern gesehene Mitwirkende des Handelns der europäischen Empires, seien sie holländisch, englisch oder französisch. Überall dort, wo die kapitalistische Welt des 19. Jahrhunderts ihre ersten Höhepunkte erreichte, sei es beim Brückenbau in den USA oder als Tabakpflanzer in Indonesien, waren Schweizer Unternehmer erfolgreich. Sie gingen in ihren Gastländern als weitgehend namenlose Ausländer auf oder kehrten mit dem Ende des Kolonialismus in die Schweiz zurück. Dort hinterliessen sie vielfältige Spuren ganz wie jene ihrer Vorfahren auch, die als Schweizer Obristen in fremden Diensten die Knochen ihrer Landsleute an französische, italienische, spanische oder holländische Herrscher verkauften, um dann in Bern, Solothurn oder Schwyz glanzvolle Herrenhäuser zu hinterlassen.

Neugier und Hunger, Sorge und Expansion, Zuflucht und Aufbruch bestimmten ganze Generationen tüchtiger Schweizer Unternehmer, die in die Welt aufbrachen, um die Schweiz reicher zu machen. Gleichzeitig war es ein offenes Land, das den Apotheker Heinrich Nestle aus Frankfurt ebenso akzeptierte wie viele andere deutsche und französische Unternehmer, welche ABB, Georg Fischer, Bühler Uzwil, die Schweizerische Kreditanstalt, heute Credit Suisse, und die Schweizerische Rentenanstalt, heute SwissRe, aufbauten.

Dieses spekulative Abenteuer beruhte auf den grossen Vorbildern der Entdeckungsfahrer. Hernàn Cortez und Francisco Pizarro, Sir Walter Raleigh und Sir Francis Drake eroberten für die spanischen und englischen Kronen die Welt. Ruhm und der Wunsch nach Reichtum trieben sie an. Es waren die schwankenden Schiffsböden, wie sie heute noch in vielen Schweizer Herrenhäusern als Modelle und Zeichnungen zu bewundern sind, welche «den wirklichen Boden der neuzeitlichen Erfahrung» geschaffen haben, wie der deutsche Philosoph Peter Sloterdijk es beschrieb.

Welcher Unternehmer der Gegenwart lässt, wie Ferdinand Magellan, seinen Mannschaftsmitgliedern, die von Rückkehr sprechen, mit der Hinrichtung drohen? Welcher Unternehmer kann heute seine Schiffe versenken lassen, wie Hernan Cortés es tat, um seinen Mitarbeitern den Weg zurück in die Heimat zu versperren?

Die kraftstrotzenden, abenteuerlustigen, sieggewohnten, brutalen, habsüchtigen Unternehmer grossen Kalibers fehlen heute. Wer noch etwas erreichen will, setzt sich früh an die amerikanischen Hochschulen oder gleich nach Silicon Valley südlich von San Francisco ab. «Der Geist der Unruhe und der Unrast», wie er von Werner Sombart beschrieben wurde, ist den Schweizer Unternehmern abhanden gekommen. Es sind die Buchhalter, die «Chief Financial Officers», die Anwälte und die «Chief Compliance Officers», welche das Kommando übernommen haben. Wo einst Fortschritt und Risiko waren, herrscht heute Angst vor dem Neuem. Wie die Verträge zeigen, haben Schweizer Banken sogar Angst vor ihren Kunden.

Schweizer Kapitalbesitzer, Kapitalisten, haben vergessen, wie man die Welt erobert. Seit einer Generation verkaufen sie mit zunehmender Geschwindigkeit das von ihren Vorfahren Geschaffene an ausländische Aktionäre. Sie ziehen das Leben eines Rentiers, eines Golf- oder Polospielers, dem eines Unternehmers vor. Wenige Ausnahmen, wie die Schindler, die Hofmann, Gehrig und Pieper, Peter Spuhler oder Hayek II., bestätigen den grossen Trend.

Seit der deutsche Kaiser Wilhelm II. scheiterte und Adolf Hitler seine Germanen nach Osten führen wollte, um gemeinsam mit den Japanern Indien zu unterwerfen, sind alle Visionen Europas in sich zusammengestürzt. Wladimir Putin ist der letzte europäische Herrscher, der an Europa vom Atlantik an den Ural erinnert; unter dem Druck der US-Regierung sucht die EU einen Weg zwischen den Forderungen der USA und denjenigen ihrer eigenen Staaten, die entweder Angst vor Russland haben oder darin eine europäische Chance sehen.

Die Schweiz erlebte als neutraler Staat in diesen Wirren einen historischen Höhepunkt. Schumpeters «schöpferische Zerstörung» nahm den Siegeszug des westlichen Kapitalismus vorweg, nicht ahnend, dass er damit auch den Untergang der kleinen Völker an die Wand malte.

Die Priester des Fortschritts leben heute in den USA, zunehmend verfolgt von solchen aus China und Indien. Ein Aufbruch in der Schweiz wird von niemandem erwartet, zuletzt von den Schweizern selbst. Als ich mit klugen Schweizer Freunden ein «Globales Liberales Manifest» verfasste, sagte ein noch klügerer Schweizer Spitzenmanager: «... gut, aber ist die Schweiz der richtige Absender?»

Die Schweiz ist ein Land, wo mehr gelungen ist als andernorts. Wie das Nachbarland Österreich zeigt, das wirtschaftlich eine Provinz Deutschlands ist, sind es nicht die Schweizer kleinen und mittleren Unternehmen (KMU) und schon gar nicht das Gewerbe, welches den Unterschied ausmachen, sondern die globalen Konzerne.

Die Schicksalsfrage der Schweiz ist es, ob sie die 700-jährige Selbstbehauptung in zunehmender Unabhängigkeit bewahren kann, ob sie ein selbständiger Staat bleiben kann, wie Singapur es ist, der zwischen allen Weltmächten seine Eigenart behauptet, oder ob sie den einfacheren Weg in die Europäische Union sucht, der vielen Firmen Vorteile, dem Volk aber Nachteile verspricht. Es sind, ganz entscheidend, die Schweizer Unternehmer, welche dieses entscheiden werden. Es ist auch das Schweizer Volk, das sein Votum dazu abgeben muss.

«Herbst der Schweiz» bedeutet auch, dass ein Teil des Landes abstirbt, während es unklar ist, welche Zweige im kommenden Frühling neu blühen werden. Bundesrat Alain Berset hat ein mehrjähriges Kulturprogramm für die Schweiz vorgelegt, das in diesem Jahr in National- und Ständerat beraten und verabschiedet werden soll. So wertvoll dies sein mag, obwohl Zweifel an einer zentralstaatlichen Kulturpolitik sehr berechtigt sind, liegt der Verdacht doch nahe, dass eine Hinwendung der Schweiz zur EU bei gleichzeitiger Wahrung kultureller Autonomie, ganz wie Bayern in Deutschland, die wahre politische Absicht ist.

Schweizer Unternehmer, welche das Land seit 200 Jahren aufgebaut haben, sind heute selten geworden. Die Globalisierung macht alle grossen Schweizer Konzerne klein, Novartis, Hoffman-La Roche und Nestlé einmal ausgenommen. Die beiden Schweizer Grossbanken UBS und Credit Suisse sind nicht mehr unter Schweizer Kontrolle. Was Glencore und Trafigura, globale Handelskonzerne, von der Schweiz aus treiben, ist weitgehend undurchsichtig.

Mehr denn je gefordert sind daher Schweizer Politiker und Parteien, die mehr sind als Lobbyisten für individuelle wirtschaftliche Interessen. Sie verkaufen das Land für einen Silberling. Die Selbstbehauptung der Schweiz erfordert Offenheit gegenüber der Welt, aber auch Selbstkontrolle in der Verteidigung der eigenen Interessen. Wenn die derzeitige Schweizer Elite aus Politik, Anwaltskreisen und der Finanzwirtschaft den Ausverkauf des Landes zum eigenen Vorteil weiter betreibt wie bisher, wird eine unabhängige und autonome Schweiz der Vergangenheit angehören. Sie wird ihre Autonomie während Jahrhunderten gegen die politischen Grossmächte Europas verteidigt haben, nicht aber gegen die Mächte des globalen Kapitals. Wir müssen darob unbesorgt sein: Gerade das grosse Kapital dieser Welt braucht die Schweiz mehr denn je. Je unabhängiger die Schweiz bleibt, desto attraktiver wird sie für die Reichen dieser Welt bleiben. Solidarität mit den Krisenländern dieser Erde ist nur finanzierbar aufgrund des

Reichtums weniger. Reiche Geber sind daher armen Mahnern vorzuziehen. Eine total globalisierte Schweiz wird diese Leistung vollbringen können; eine auf das Nationale reduzierte Schweiz auf keinen Fall.

Ich danke allen, mit denen ich seit gut vierzig Jahren diese Erfahrungen machen oder teilen durfte. Es war nicht immer einfach. Zuerst danke ich meiner Familie, meiner Frau Paula, die mich immer an das Schöne und Gute erinnerte, an meine beiden Söhne Fidel und Raoul, die das von mir gegründete Unternehmen, die Stöhlker AG in Zollikon/ZH, weiterführen werden.

Mein Dank gilt aber auch meinen über 500 Klienten aus Politik und Wirtschaft, die mir wertvolle Original-Einblicke vermittelten, wie das Land und seine Firmen geführt werden. Meistens wusste ich schon am Abend zuvor, was am kommenden Tag in den Medien zu lesen, hören oder zu sehen war. Dennoch sei an dieser Stelle gesagt, dass wir in der Schweiz weiterhin viele und gute Medien haben, aber mit Sicherheit nicht genügend gut ausgebildete Journalisten, um diese auch zu bedienen.

Ich denke, dass mein ungefilterter Blick auf unser Land und dessen Schicksal vielen Lesern Hinweise geben kann, was sie richtig, falsch oder nicht machen. Der Sprung in die Globalisierung ist für die Schweiz eine Chance, die sie nicht versäumen sollte. Wer lieber im ruhigen Tal, an der Holzbank im Quartier oder auf seiner Wiese am See sitzen bleiben möchte, ist deshalb nicht verloren – solange das Bargeld ausreicht.

Zollikon, Januar 2015
Klaus J. Stöhlker

Kapitel I

Die Schöpfung

Herbst 2015. Im schönsten Land der Welt mit den reichsten Menschen der Welt herrscht eine ungemütliche, angespannte Stimmung. Ganz wie bei jenem Genfer Bankier, der sich, von seinen Gläubigern verfolgt fühlend, in sein zu einem Bunker umgestaltetes Wohnhaus nach Monaco zurückzog, wo sie ihn dann doch fanden, erschossen und die Leiche verbrannten. Die Schweizer Bevölkerung fühlt sich in ihrer Mehrheit angespannt, verfolgt, getrieben, von Ungeheuern umgeben, die ihnen den Wohlstand so wenig gönnen wie die Unabhängigkeit. Mehrmals in der Woche ermorden Männer ihre Ehefrauen samt Kindern, alte Frauen, deren Männer längst verstorben sind, werden in düsteren Villen von Gangstern überfallen, die das schwache Wild zuerst erkennen und schlagen, denn es lebt hilflos in seiner Menschenherde, die ihm einst Sicherheit versprach. Die Kinder gehorchen ihren Eltern nicht mehr, sondern sind mit anderen Welten beschäftigt, die ihnen über technisches Gerät zugetragen werden.

Als ich im Frühsommer des Jahres 1971 in die Schweiz importiert wurde, das ist gut vierzig Jahre her, war das Land völlig anders. Die junge Generation kann dies nicht wissen, denn die Leere und Offenheit der Landschaft ging über in gut gepflegte kleine Dörfer und Städte, wo die Menschen vertrauensvoll miteinander umgingen. Tatsächlich, man konnte sein Auto überall im Land mit geöffneten Türen stehen lassen. Niemand kam auf die Idee, den Schlüssel vom Schaltschloss abzuziehen. Es war die in ganz Europa berühmte Luft der Freiheit, die durch das Land wehte, und ich atmete sie ein, liess die warme Sonne auf mich scheinen und war glücklich. Die Schweiz, ein vom Krieg verschontes Land, ein Land fleissiger Bürger, die Mass gehalten hatten, wo sonst in Europa das Mass verloren gegangen war.

Die Autobahnen waren leer, auch jene von Basel nach Zürich. Es gab nicht einmal eine Geschwindigkeitsbegrenzung, keinen Gurt, mit dem man sich anschnallen musste. Das Benzin war billig. Ich war im Land der Freiheit.

Ich war, ohne es zu wissen, in die grossen Jahre der Expansion der Schweizer Wirtschaft in die Welt hinaus angekommen. Der Aufschwung lag schon hinter dem Land, jetzt kam die Expansion.

So einfach war es eben nicht, denn ich kam dort an, im Zürcher Oberdorf, gleich oberhalb des Ausflusses der Limmat aus dem Zürichsee, wo eine der geheimnisvollsten Persönlichkeiten der Schweizer Wirtschaft und Armee, Dr. Gustav Däniker, hinter einem Erker im ersten Stock eines 400-jährigen Gebäudes wirkte. Aus dieser Altzürcher Stube, wo ein grosser hölzerner Schreibtisch und breite Fensterbänke zur Diskussion einluden, entwickelte der Chefstratege der Schweizer Armee Expansionspläne für die grössten Schweizer Banken; sie waren damals noch im Besitz Schweizer Aktionäre. Er entwarf Strategien gegen alle politisch Linken im Land und alle Gegner der freien Marktwirtschaft, die im Begriff war, sich zum Kapitalismus zu vollenden. Seine Kunden waren hohe Offiziere in den grössten Schweizer Konzernen, denn wer nicht Offizier war, machte dort keine Karriere. Die Schweiz war in ihren Augen die kleinste Weltmacht geworden. Es galt, zuhause die Macht zu sichern, damit die Eroberung des Auslands mit den Mitteln der Wirtschaft reibungslos erfolgen konnte. Ich war im Zentrum dessen angelangt, was die Schweizer Linke während Jahrzehnten als das Böse bezeichnete.

Natürlich hatte ich keine Ahnung. Ich sollte aber rasch lernen, denn meine Klienten waren die Grossbanken, Maschinenbau- und Nahrungsmittelkonzerne. Natürlich lockte mich die höchst komplexe Schweizer Politik, aber ich brauchte vier Jahre, um für die ersten Nationalratswahlen eingesetzt zu werden.

Es war jene Schweiz, die es heute nicht mehr gibt. Ohne es zu wissen, erlebte ich die letzten glanzvollen Jahre eines Landes, das noch von Wilhelm Tell träumte, aber von der Armee, einer der grössten und bestausgerüsteten der Welt, und Unternehmern regiert wurde. Der politische Arm dieser kompakten Struktur nannte sich Freisinn, ein Wort, das ich aus dem frühen 19. Jahrhundert kannte. Diese Partei war über hundert Jahre gross und mächtig geworden, weil unter ihren Fittichen Politik und Wirtschaft fast perfekt harmonierten. Sie, ein Forum der Elite, war gerade im Begriff, sich zur Volkspartei zu mausern, die kleineren Konkurrenten, vor allem die Christlich-Konservativen und die Sozialdemokraten, deutlich auf Distanz haltend. Der Freisinn war Zürich, verstärkt durch ausgewählte Aargauer und Basler, die Rollen- und Aufgabenverteilung spielten.

Es waren Jahre voller Überschwang und Übermut. Eine glanzvolle Landesausstellung hatte man gerade hinter sich. Meine Chefs, Dr. Gustav Däniker und Dr. Rudolf Farner, hatten landes- und europaweit die Armee zelebriert und die Schweiz als Igel vorgestellt, der sich gegen die anderen Staaten erfolgreich zur Wehr setzt. «Fänsch» Farner war ein fröhlicher Geselle. Unterwegs zur Universität St. Gallen, wo er Werbung dozierte, oder an die Übungen der Schweizer Armee, wo er als Oberst nicht diente, sondern führte, nahm er gleich zwei Sekretärinnen mit. Damit wusste jedermann, der ihn sah: Dieser Mann ist tüchtig und hat viel zu tun. Dieser mysteriöse erste Faun der grossen Schweizer Werbebranche sah, obgleich immer nur Oberst geblieben, die Welt als General. Die Kernfrage war stets: Wie führe ich die Massen dorthin, wo das Land oder die Firmen sie braucht? Dazu entwarf er gewaltige Aufmarschpläne, Stäbe, Verbindungslinien, Zonen freundlicher Verbündeter und feindlicher Truppen, die es als Gegner zu vernichten galt. «Fänsch» war ein Meister der dramatischen Deklamation. Sein Vorbild war «Newsweek», ein amerikanisches Wochenblatt, das den Weltmachtanspruch der «US Administration» verkörperte. Froher Feste nicht abgeneigt, war sein Stammplatz in der «Kronenhalle», im kleinen Saal hinten in der Ecke, von wo aus er den Überblick hatte, wen er nicht übersehen, begrüssen oder an seinen Tisch einladen sollte. Die prachtvollen Gemälde französischer und Schweizer Impressionisten machten diesen Tisch zum Altar der Weisheit. Immerhin, Friedrich Dürrenmatt und Max Frisch sassen nicht weit entfernt davon. Von der Familie Zumsteg geführt, war sie ein nationales Macht- und internationales Begegnungszentrum, mit der dunklen Holztäfelung und den schweren Lüstern eher einem Bahnhofsrestaurant besserer Art gleichend. Sie war schon damals Kult, ein Begriff, der sich später bis hin zur Bedeutungslosigkeit steigern sollte.

Erst im Sommer 2015 sollte sie umgebaut werden, Zeichen des Umbruchs, wie er in diesem Buch beschrieben werden soll. Ein Hotelier, ein Museumsdirektor und ein Anwalt führen die Stiftung, die sich solches vorgenommen hat. An dieser Zusammensetzung zeigt sich die Zürcher Sorgfalt in bestem Sinne: Was der erfolgreiche Hotelier aus dem gegenüber liegenden Baur au Lac initiiert, wird vom stilvollen Spezialisten für Zürcher und Schweizer Geschichte und, unvermeidlich, von einem Anwalt abgesichert. «C'est Zurich», wie die Romands sagen.

Farner und Däniker träumten damals von einer Atombombe auch für die Schweiz. Der Igel sollte auf Dauer nicht mehr einnehmbar werden. Die ersten heimlichen Versuche schlugen fehl; das Projekt wurde beerdigt. Sie träumten von einer Olympiade in der Schweiz, aber schon damals war der Grossraum Zürich, der heute eine Metropolitan-Region ist, nicht mehr schneesicher. Es waren Grossmachtträume, welche die Schweiz bewegten.

Das Land lebte im Wachstumstaumel. Ich sass an meiner Schreibmaschine im «Büro Farner» und berichtete täglich davon, dass wir pro Kopf die meisten Computer der Welt im Einsatz haben. Wir hatten auch die besten Manager der Welt, die stolze Wachstumsraten aufwiesen, viele Sprachen meisterten und, weil militärisch ausgebildet, auch Tausende von Mitarbeitern perfekt führen konnten. Mein Klient hiess Dr. Egon Zehnder, der ehrgeizige und kommunikationsgewandte erste «Executive Searcher» der Schweiz; andere sagten «headhunter», aber ich war dazu da, den Unterschied deutlich zu machen. Egon Zehnder hatte begriffen, dass auch Europa den neuen Beruf des Executive Searchers brauchte, denn das Wettrennen um die besten Führungs- und Fachkräfte war bereits in Gang gekommen. Die expandierenden Schweizer Konzerne gaben lieber einem Mann ihres Vertrauens den Suchauftrag als amerikanischen Konkurrenten. Bis heute hat sein Unternehmen die damals erkämpfte Rolle als Nr. 1 in Europa behauptet. Als einem der wenigen Schweizer Dienstleister gelang es Zehnder, in die Weltspitze vorzustossen. Man sieht den über 80-Jährigen heute noch im Club Baur au Lac sitzen, aufmerksam, höflich, weltgewandt, die Schweiz in ihrer besten Zeit verkörpernd.

Diese drei Zürcher, zu denen ein kleiner Kreis von Topanwälten am Zürichberg, Bankiers, Industrielle und Versicherungsmanager zählten, bauten einen wichtigen vierten Mann auf, der ihr intellektueller Führer werden sollte: Ulrich Bremi. Als brillanter Diplomingenieur legte er die Grundlagen für den Erfolg den Schliess- und Safe-Konzern Kaba. Jeder Schweizer Haushalt hat einen Kaba-Schlüssel und tunlichst auch einen Safe der gleichen Marke. Bremi, eine einnehmende Persönlichkeit mit hohem Verkaufstalent, empfing gerne Bankiers in seinen Stadtbüros in Zürich. Zuvor liess er sich im Nachbarzimmer ganze Bankschalter aufbauen, um dann seinen hohen Besucher in diesen Raum zu führen, diesen auffordernd: «Niki, den Schalter braucht ihr!» Bremis Aufstieg zu einem der bedeutendsten Schweizer Industriellen, bei dem Armee, Wirtschaft und Politik zusammenliefen, war vorgezeichnet. Als gut gemanagter FDP-Parlamentarier stieg er auf bis zum Präsidenten des Nationalrats. Bundesräte und Parteipräsidenten durften unter ihm andere werden. Der bärenstarke und flinke Zolliker, der laufend neue Talente an sich zog, managte den Aufschwung der Schweizer Wirtschaft, aber den Absturz seiner FDP konnte er nicht mehr verhindern.

Bis dahin war es noch weit. Unter Bremis Fittichen wurde ich Wahlkampf-Berater, Ghostwriter und Stichwortgeber. Während Ueli Bremi seine Form suchte, sass ich meist in der dritten Reihe vor seinem Rednerpult. Wir hatten zwei diskrete Signale ausgemacht: Daumen nach oben hiess Redetempo beschleunigen, beide Handflächen nach unten Tempo drosseln. Bremi lernte ebenso rasch wie ich, sodass er bald selbständig war.

Die Aufgabe eines Ghostwriters bei einem erfahrenen Politiker besteht meist darin, wichtige Aussagen in Kapiteln zusammenzufassen, dafür aber Formulierungen zu finden, die sich den Zuhörern und den Medien einprägen. Die berühmteste Formel jener Zeit war «Mehr Freiheit, weniger Staat». Sie hatte ursprünglich den Zusatz «Mehr Selbstverantwortung», aber davon wollten die Zuhörer und Journalisten nichts wissen. Schon damals zeigte sich der Zwang zur Verkürzung der Aussagen. Was mehr als vier Wörter hatte, liess sich nicht mehr durchsetzen. Heute sind es maximal zwei Worte, die gefunden werden müssen: «Ausländer raus», «Steuern anpassen», was immer erhöhen heisst, oder «Sicherheit zuerst».

Es gab keine Grenzen. Die Banken lieferten sich ein Wettrennen bei der Eröffnung neuer Filialen. Unter Leitung von Dr. Hans Mast, dem Chefökonomen der Schweizerischen Kreditanstalt, gaben wir dem «bulletin» der Bank ein modernes Gesicht. Dr. Felix Erne, ein hochtalentierter Sekundarlehrer aus Baden, übernahm dessen Leitung. Ich überschüttete die Schweizer Medien mit Nachrichten über die Erfolge der Bank und der Konzerne. Morgens um 7.00 Uhr sass ich bei Hans Mast, einem bulligen Auslandschweizer, der guten Getränken nicht abgeneigt war. Als legendärer Chefökonom der Bank diktierte er mir stossweise neue Botschaften, die den Ruf des Hauses wie dessen Präsenz verbessern sollten. Wenn ich sagte: «Ihre letzte Goldprognose traf nicht zu», antwortete er nur: «Schreiben wir eine neue.» Die Kreditanstalt, damals noch in den Händen feiner Zürcher Familien, wurde zur meistzitierten Bank der Schweiz. Man wollte aus dem goldenen Gefängnis, das man sich selbst gebaut hatte, ausbrechen, den einfachen Normalkunden die Scheu vor den heiligen Hallen der Bank nehmen.

Nicht alles war Zuckerschlecken. Als wir eines Tages den Auftrag erhielten, der Generaldirektion der SKA eine neue globale Inseratekampagne auszuarbeiten, entwickelten wir wochenlang die attraktivsten Sujets. Geld spielte ohnehin kaum eine Rolle, sodass wir mit Fotografen durch die Schweiz reisen konnten, um die extremsten Ansichten der Schweiz zu entdecken. Die Werbeleiterin der Bank, welche uns als Vorstufe beaufsichtigte, war der menschliche Ausdruck eines wütenden Nashorns. Als sie zum wiederholten Male die schönsten Entwürfe als untauglich bezeichnete, geriet unser Master Designer ausser Kontrolle, sprang auf den viele Meter langen Konferenztisch, wo die Entwürfe ausgebreitet waren, und zerstampfte, ja zerriss sie. Dies störte die Werbeleiterin der Bank überhaupt nicht. Sie betrachtete ihn wie ein toll gewordenes Insekt, aber dessen Karriere war zu Ende. Damals lernte ich, nie die Nerven zu verlieren. Was geschah? Wir mussten der Generaldirektion der Bank, die sich den letzten Entscheid vorbehalten hatte, drei fertige Konzepte vorlegen, die wir sorgfältig an den Wänden des schönsten Konferenzsaales der Bank befestigten. Berater, aber auch die oberste Werbeleiterin, mussten den Saal verlassen. Nach guter schweizerischer militärischer Tradition wurde das Siegermotiv per Elimination entschieden. Unsere drei Kampagnen waren futsch. Gesiegt hatte das Foto eines Schweizer Fahnenschwingers, auf dem Männlichkeit und Nationalstolz prächtig zur Geltung kamen. Dieses Motiv ging dann viele Jahre um den Globus. Es hat mindestens nicht geschadet.

Damals entstanden wichtige, auch heute noch gültige Kommunikationsformen. Wir durften experimentieren und die Konzerne waren bereit, dies auch zu finanzieren. Hans Mast und Felix Erne waren europäische Pioniere für hervorragende Bankmagazine. Noch wenige Wochen vor seinem Tod sass ich mit Felix Erne zusammen, der es vor seiner Pensionierung bis zum Generaldirektor der SKA geschafft hatte, und wir beklagten den Niedergang des «bulletin», heute der CS Group, vom hoch informativen News-Magazin zum «consumer und wellness»-Heft. Wir wollten den Kunden mit Bankdienstleistungen überzeugen, dazu Kommentare und Berichte aus aller Welt. Soft Journalism, wie er heute gepflegt wird, war nicht unsere Sache.

Dies schreibe ich, mein Erstaunen nicht verbergend, dass seit knapp einem Jahr wieder nach «content» gerufen wird. Was ist «content»? Es ist nichts anderes als saubere, zuverlässige Information, gut formuliert, spannend vorgetragen. Die gegenwärtigen Kommunikationsmenschen aller Hochschulen und Fachhochschulen erreichen jetzt wieder jenen Leistungshorizont, den wir vor vierzig Jahren schon einmal hatten.

Eventmanagement lernten wir sehr rasch, denn der Auslöser war die erste grosse Finanzkrise einer Bank, in diesem Falle der SKA, deren Filialleiter im Tessiner Chiasso über zwei Milliarden Franken verspekuliert hatte. Das war in der zweiten Hälfte des letzten Jahrhunderts, wo auch der Chef einer Grossbank selten mehr als zwei Millionen Franken jährlich verdiente, kein kleiner Betrag. Das Zeitalter der Krisen und der Erfindung neuer Wirklichkeiten hatte damit begonnen. Wir mussten lernen, eine Elitebank mit höchster Geschwindigkeit wieder an das Volk heranzuführen. Die blau-weiss-rote Skimütze der SKA, dazu der Skisack und andere Utensilien machten die einstige Bank der besten Zürcher Gesellschaft zur Bank für – fast – alle.

Bleiben wir im Machtzentrum, das die Schweiz damals zur Weltmacht entwickelt hatte. Die Schweizerische Bankgesellschaft, die später vom Bankverein geschluckt wurde, eine, wie sich herausstellte, eher traurige Geschichte, war die grösste Schweizer Bank. Während bei der Kreditanstalt erst Dr. Heinz Wuffli, der dann wegen «Chiasso» in die Wüste geschickt wurde, das Niveau des führenden Bankiers der Schweiz erreichte, waren die Präsidenten der Bankgesellschaft immer schon die wahren Entscheider. Sie brachten das südafrikanische Gold in die Schweiz, dienten als Drehscheibe globaler Konzerne und schufen mit ihren Initiativen das Bild des starken Finanzplatzes. Wieder war es ein FDP-Mann aus der ersten Linie, Nationalrat Ernst Mühlemann, später Schatten-Aussenminister der Schweiz, der nicht nur als Politiker, sondern oberster Kunsteinkäufer der Bank und geistiger Vater des Ausbildungszentrums Wolfsberg am Bodensee das Bild der grössten und stärksten Schweizer Bank prägte. Mühlemann, ein

Thurgauer, gehörte in die Goldene Zeit des Freisinns, wo auch Ulrich Bremi und andere das Land führten.

Sie wurden sekundiert von wunderbaren Persönlichkeiten, die man heute auf dem Finanzplatz sucht: Alfred Sarasin, dessen Erben die Bank verspielten, Hans J. Bär, der als erster Bankier den Niedergang des Finanzplatzes beklagte, und Hans Vontobel, der heute stoische 98-Jährige, der zur Zürcher wie Schweizer Kultur mit grossen Spenden und Stiftungen viel beigetragen hat. Hans J. Bär hat die Zürcher Kulturszene massiv beeinflusst und als einer der Ersten in Europa eine kulturelle Leistungsbilanz für die Stadt Zürich erarbeiten lassen. Seither wissen wir, dass Kultur ein Wirtschaftsfaktor ist. Alfred Sarasin, dem die heute nicht mehr existente, in brasilianisch-libanesisch-jüdischen Händen befindliche Bank Sarasin ihren Aufstieg verdankt, war ein genialer Causeur. Als vielfacher Verwaltungsrat und VR-Präsident gehörten seine Reden in breitem Baseldytsch zu den Höhepunkten der Generalversammlungen auch dann, wenn die Dividende mager wurde. Freitags nach 15.00 Uhr traf man ihn häufig in den eleganten kleinen Flugzeugen der Crossair, Champagner schlürfend in weiblicher Begleitung die Lagune von Venedig ansteuernd. Es wäre ihm, wie Hans J. Bär oder Hans Vontobel auch, nie eingefallen, Prosecco zu trinken oder als Jogger seine Leistungskraft zu beweisen. Die Bankiers, mit «k» oder «qu», waren noch Herren, Monsieurs, und verdienten viel Geld. Nicht extrem viel, aber genügend, um die Risiken des Bankgeschäfts tragen zu können.

Die Schweiz war im Begriff, sich neu zu erfinden. Zum Erfolg der Banken kam jener der Industrie und der grossen Dienstleistungsfirmen. Die Stadt Baden war ganz in den Händen der alten Brown Boveri (BBC); auch dort herrschten die Militärs wie die Freisinnigen uneingeschränkt. Winterthur wurde von Sulzer und den Winterthur Versicherungen geführt. Wer nicht freisinnig und Offizier war, hatte keine Beförderungschance. Ähnlich wie in Basel, aber einige Formate kleiner, wurde Winterthur zur Kunststadt einer freisinnigen Elite.

Das Selbstbewusstsein des Grossbürgertums fand seinen Ausdruck auch in Medien, davon mindestens zwei von europäischem Format: NZZ und Weltwoche. Die NZZ, der grosse Klassiker unter den Schweizer Zeitungen, wurde mindestens in Bonn und Wien aufmerksam gelesen. Wie die Industrie auch, ging sie als Gewinnerin aus dem Zweiten Weltkrieg hervor, wo sie eine relativ deutliche Anti-Hitler-Politik verfolgt hatte. Mehr noch galt dies für die Weltwoche, die dann aber rasch in Turbulenzen geriet, weil ihr eine klare Ausrichtung lange fehlte.

Aufstieg und Niedergang heissen die beiden faszinierenden Bewegungen, welche grosse Teile der Schweiz seither erlebten. Ich will aber noch bei der Schöpfung der modernen Schweiz bleiben, damit besser verstanden wird, wie dieser Prozess dann in die Erfindung der Schweiz übergegangen ist und die Wirklichkeit sich immer mehr von dem entfernte, was als offizielle Wahrnehmung gilt.

Der internationale Glanz der Schweiz, von global sprach man damals noch nicht, wäre nicht vollkommen gewesen ohne ein auf dem Tourismus basierendes Trio bedeutender und kreativer Schweizer Organisationen. Es ist heute in Vergessenheit geraten, wie der Tourismus einst zu den Glanzlichtern der Schweiz zählte. Vor dem jahrzehntelangen Niedergang, dessen Zeuge wir sind, erlebte die Schweiz eine Phase, die bestimmt war von der Swissair, der nationalen Luftlinie, Kuoni, den grössten Schweizer Reiseveranstalter, und der SBB, deren Aufschwung auch einem starken Tourismus zu verdanken ist.

Diese drei Firmen, unterstützt von Schweiz Tourismus, den beiden Grossbanken und vielen anderen, trugen den Ruf der modernen Schweiz in die Welt hinaus. Jeder Schweizer, der irgendwo in der Welt ein Flugzeug der Swissair betrat, fühlte sich sofort zuhause und wurde von der Mannschaft sehr herzlich, wie ein Landsmann, begrüsst. Da ich selbst mehr als zwei Jahrzehnte die Swissair intensiv nutzte, um dann mitten in ihrem unerwarteten Untergang zu stehen, habe ich mitempfunden, wie diese Schweizer Luftflotte der Stolz des Landes war. Niemand in den Führungsetagen der Wirtschaft kam auch nur auf die Idee, nicht Swissair zu fliegen. Deren Erste Klasse war bis zur Perfektion entwickelt. Dafür hielten es die grossen Konzerne auch für unnötig, sich eine eigene Flotte zuzulegen. Die Swissair und die Schweiz lebten in perfekter Harmonie miteinander. Brauchte die Swissair einen Landeplatz in Atlanta, war die Schweiz gerne bereit, im Gegenrecht mehr US-Filme in Schweizer Kinos zuzulassen. Das ist der Grund, weshalb wir seither derart viele US-Filme sehen müssen.

Kuoni war ein Reiseveranstalter der Swissair-Klasse. Ein Familienunternehmen, bis heute einer Stiftung gehörend, das unter der Führung des lebenslustigen Jack Bolli den Glanz des Reisens vorlebte. Kuoni war der Feinkostladen der langsam reich werdenden Schweizer Bevölkerung. Wer sich Kuoni nicht leisten wollte, kaufte bei Hotelplan ein, einer Tochter des expandierenden Migros-Konzerns. Swissair und Kuoni strahlten als Sterne am Schweizer Reisehimmel; einige Herausforderer sollten folgen.

Die SBB, die Schweizerischen Bundesbahnen, von Ingenieuren der Eidg. Technischen Hochschulen geführt, wurden in diesen Jahren zum Lieblingsspielzeug der Schweizer Bevölkerung. Die

Strecken wurden ausgebaut, die Züge immer schöner, die Fahrpläne immer dichter. Das Selbstbewusstsein eines immer reicher werdenden Landes spiegelte sich auch in seinen Bahnen, denen der SBB und vieler anderer, die als Privat- oder Seilbahnen durch das Land oder auf die Berge führen.

Der Auftritt von Swissair, Kuoni, Schweiz Tourismus als grossartiger Koordinator, den SBB, unterstützt von Grossbanken und Versicherungen, machte die Schweiz in diesen Jahrzehnten zu einer touristischen Weltmacht. Das Berner Oberland, das Wallis, Graubünden und die Innerschweiz expandierten. Europas Bevölkerung, aber auch Nord- und Südamerikaner sowie die ersten Asiaten, begriffen erneut: Im Herzen Europas gibt es ein Wunderland, ein El Dorado, das zu besuchen höchstes Glück verheisst. Das ist lange her. Wir werden darauf zu sprechen kommen.

Waren es alleine der Freisinn, die Grossbanken und die grossen Industriekonzerne, welche diesen enormen Aufschwung, der heute fast vergessen ist, bewirkten? Sicher gab es damals den Willen einer kleinen Zahl von Menschen, zu expandieren, viel Geld zu verdienen und die Auslandsmärkte zu erobern. Die Zweifel am Wachstum waren erst am Entstehen.

Eines Tages sass ich Dr. Robert Lang, dem legendären Mitglied der Generaldirektion der Schweizerischen Kreditanstalt, in seiner Funktion als Präsident des Verwaltungsrates des Georg Fischer-Konzerns (+GF+) gegenüber. Wir waren dabei, den neuen Geschäftsbericht und das Vorwort des VR-Präsidenten zu entwerfen. Ich wies den hohen Offizier und Wirtschaftsführer darauf hin, dass der Begriff «Gewinnmaximierung» nicht mehr angebracht sei und sicher Proteste auslösen würde. Er schaute mich zweifelnd an und fragte «Was sagt man denn?» Ich antwortete: «Gewinnoptimierung ist als Wort erlaubt.» Er schaute mich ungläubig an und gab mir, ganz Offizier und Generaldirektor, die Weisung: «Dann schreiben Sie ‹Gewinnoptimierung›.» Und setzte hinzu: «… aber wo es geht, maximieren wir.»

Dieses Gespräch vor vierzig Jahren nimmt schon vieles vorweg, was wir seither erlebt haben. Der Zwang zur Gewinnmaximierung ist durch die Globalisierung nur gesteigert worden. Wer nicht über die allerbesten Finanzmittel verfügt, wird im globalen Wettbewerb den Zweiten machen und früher oder später geschluckt, d.h. übernommen werden.

«Röbi» Lang war immens fleissig. Weil er bei Georg Fischer (+GF+) eine massgebliche Beteiligung für die Bank übernahm, wurde er dazu verurteilt, den Konzern auch zu führen. Die Grossbank hat damit Milliarden verdient. Es war die Schweizer Variante der Deutschland AG.

Bald schon sollte eine Entwicklung eintreten, welche den Weg der Schweiz in die Zukunft vollends deutlich macht. Die Rede ist vom Nestlé-Konzern, dessen Hauptsitz in Vevey am Ufer des Lac Léman zu finden ist. Es ist eine traumhafte Lage am Rande der einstigen Industriestadt. Nestlé, vom deutschen Apotheker Heinrich Nestler gegründet und später von ihm bestens verkauft, ist heute einer der grossen Schweizer Konzerne. In den siebziger Jahren des letzten Jahrhunderts wäre er unserem Land fast verloren gegangen, weil Nestlé unter Führung eines CEO aus St. Gallen keine Wachstumsimpulse mehr entwickelte. Nestlé sollte amerikanisch werden, was vielen Westschweizern missfiel, die den Viviser Konzern als den Ihrigen empfanden. Was tun? Der Verwaltungsrat einigte sich darauf, den hochtalentierten und sehr erfolgreichen Helmut Maucher, einen Allgäuer aus dem bayerischen

Raum nordöstlich des Bodensees, zum neuen Gesamtleiter des Konzerns zu machen. Ein Deutscher als Chef von Nestlé? Quelle horreur für die Welschen. Ich wurde nach Vevey delegiert, um den Allgäuer im Sattel zu halten. Schwer war dies nicht, denn Helmut Maucher erwies sich bald als Genie der Kommunikation. Nicht nur ist er ein grosser Marketingpapst der europäischen Wirtschaft geworden, sondern er hat die Waadtländer und Genfer überzeugt, dass er Nestlé vor den Amerikanern retten könne. Dieser Mann wurde einer der grossen Wirtschaftsführer der Schweiz. Mit ihm begann der Einzug der Deutschen und anderer Ausländer in die Führungsetagen der Schweizer Wirtschaft.

Ich erinnere mich, ganz zu Beginn sass ich in seinem Büro, um die Lage zu besprechen, als er mich unvermittelt fragte: «Was halten Sie davon, wenn wir das Nest als Symbol von Nestlé abschaffen?» Ich sagte: «Tun Sie das nicht. Das Nest ist Nestlés Symbol für Familie und Qualität der Produkte.» Seither ist das Nest geblieben, wenn auch leicht verfeinert und ich empfinde mich immer noch als Hüter dieses Schweizer Schatzes. Nestlé wuchs unter Helmut Maucher wie nie zuvor. Es war sein Traum, ein 100 Milliarden-Franken Unternehmen zu werden; das blieb ihm, nicht zuletzt aus Währungsgründen, versagt. Er machte Peter Brabeck-Letmathé zu seinem Nachfolger und zog sich in die Position des Ehrenpräsidenten zurück.

Diese Unternehmen, dazu die Pharmaindustrie der Schweiz, deren gewaltiger Aufschwung derzeit neue Höhen erreicht, was rein optisch nicht allen Baslern gefällt, dazu Hunderte von kleinen und mittleren Unternehmen, die in den Weltmarkt expandieren, das ist die reiche Schweiz des zu Ende gehenden 20. Jahrhunderts. Ist das alles?

Bei weitem nicht, denn es gab die «mavericks», die wilden Hengste, die ungestüm um ihren Platz an der Spitze kämpften. Ich habe die besten unter ihnen kennengelernt, einige von ihnen sehr intensiv. Sie respektierten keine Spielregeln, waren kaum beratbar, folgten einfach ihrer inneren Stimme und vielleicht der ihrer Ehefrau. An ihrem Beispiel wird deutlich, weshalb ein Land solche kreativen Köpfe braucht. Sie bleiben, mindestens in den eigenen Augen, ein Leben lang Aussenseiter, aber die Schweiz in ihren besten Jahren verdankt ihnen viel.

Die beiden grössten dieser Aussenseiter sind Dr. Christoph Blocher und Nicolas G. Hayek, der Retter der Schweizer Uhrenindustrie. Beide sind unkontrollierbar, Schlaumeier ersten Ranges, willensstark und exzellente Fachleute auf ihren Gebieten. Das alleine hätte nicht gereicht, um sie erfolgreich und ihre Familien zu Milliardären zu machen. Sie haben beide jenen Seeräuber- und Killerinstinkt, der jeden grossen Unternehmer kennzeichnet. Meine Walliser Schwiegermutter, ein tüchtige und für die dortigen Verhältnisse erfolgreiche Unternehmerin, lehrte mich: «Hinter jedem kleinen Vermögen steckt ein kleines Verbrechen, hinter jedem grossen Vermögen ein …». Sie können den Satz selbst beenden.

Christoph Blocher und Nicolas G. Hayek sind keine Verbrecher, aber die ganze Wahrheit werden wir nie erfahren, wie Christoph Blocher für recht wenig Geld die Emser Werke übernahm und Nicolas G. Hayek die Asuag, aus welcher er die Swatch Gruppe machte. Wie Christoph Blocher, unterstützt von Martin Ebner, in Finanzspekulationen mit Alusuisse, Lonza und anderen grossen Firmen Milliarden verdiente, bleibt Firmengeheimnis. Wer die Swatch erfand, ist klar. Hayek war es nicht, aber er setzte sie im Markt durch.

Ich habe beide immer wieder unter vier Augen erlebt, Blocher wie Hayek. Unternehmer dieser Art zeichnet ein gewinnender

Charme aus. Dieser ist umso gefährlicher, als beide nie die geringsten Anstalten machten, die Position des Gesprächspartners zu respektieren. Solche «lonely wolves» sind der Schweiz letztlich nützlich. Ems ist heute das wichtigste Unternehmen im Kanton Graubünden und unter Leitung von Magdalena Martullo-Blocher ein Börsenstar geworden. Die Swatch Group hat den ganzen Jura-Gürtel gerettet, indem sie dort Arbeitsplätze schuf. Wenige Unternehmerfamilien können Gleiches von sich sagen.

In kleinerem Rahmen gilt dies für Peter Spuhler, der Eisenbahnen bauen wollte, als niemand sonst in der Schweiz auf die gleiche Idee kam. Er heiratete richtig, übernahm die sehr kleine Firma seines Schwiegervaters und machte daraus einen mittelgrossen Schweizer Konzern, der nicht nur im Thurgau erfolgreich ist. In die gleiche Klasse grosser Einzelgänger, welche die Schweiz reich gemacht haben, gehört Otto Ineichen. Otto's, heute vom Sohn geführt, ist ein stark wachsendes Handelsunternehmen, das mit Billigprodukten zu günstigen Preisen erfolgreich ist. War der Vater noch FDP-Nationalrat, beschränkt sich der Sohn auf das Geschäft. Aus dem Innerschweizer Leuchtturm ist ein Normalunternehmer geworden.

Ein «maverick» besonderer Art war auch Branco Weiss, liberaler Jude, als Flüchtlingskind in der Schweiz aufgewachsen, dann Dipl. Ing ETHZ und Unternehmer. Er baute Unternehmen in Serie auf, verkaufte sie auch gerne mit Gewinn weiter und wurde später zum grössten Einzelstifter der ETH Zürich vor Hansjörg Wyss.

Branco liebte die modernen technischen Entwicklungen und die Bilanzen. Weil er beides verstand, wurde er, aus dem Nichts kommend, zum vielhundertfachen Millionär. In seiner Villa am Zürichberg sitzend, gleich unterhalb des alten FIFA-Gebäudes, sagte er, fragte man ihn nach seinem Vermögen: «Ich bin ein armer Reicher, unter einer Milliarde.» Wie man reich wird, erläuterte er wie folgt: «Zu 49% hat man mich betrogen, zu 51% habe ich gewonnen. Vom Unterschied lebe ich.»

Wir sehen an diesen Beispielen, es ist die Vielfalt des Landes, die Freiheit, welches es seinen Einwohnern gewährt, welche es reich gemacht haben. Zu diesen grossen Schöpfern der heutigen Schweiz gehört auch ein Walliser, der einen Weltkonzern mit Sitz in Zürich geschaffen hat: Sepp Blatter, der Präsident des Weltfussballverbandes, der FIFA. Blatter, ein pfiffiger Oberwalliser, hat dreissig Jahre gebraucht, um aus dem kleinen Verein einen Fussballkonzern mit jährlichen Milliardenumsätzen zu machen. Mehr als andere ist er Angriffen ausgesetzt, aber Fussball, die wichtigste Sportart weltweit, kann in über 200 Staaten nicht geführt werden wie ein katholischer Frauengesangverein. Der «maverick» Sepp Blatter steht mit seinem Werk, der FIFA, in einer grossen Schweizer und europäischen Tradition. Dies in der Schweiz getan zu haben, ist einer seiner grossen Verdienste um unser Land.

«Schweizer Herbst» heisst dieses Buch und wir haben uns bisher nur mit der Schöpfung, dem Frühling der neuen Schweiz des 20. und 21. Jahrhunderts, beschäftigt. Es war eine Zeit des Aufbruchs, die unter günstigen Voraussetzungen bereits nach dem Zweiten Weltkrieg ihren Anfang genommen hat. Maschinenbau und Pharmaindustrie hatten gute Startvoraussetzungen. Als die politischen Auseinandersetzungen nach dem Krieg beendet waren, stand ihrem globalen Wachstum nichts mehr im Wege. Zuerst war es tatsächlich die militärische Führungsausbildung, die vielen Schweizer Managern den Aufstieg erleichterte. Die ETH

Zürich übernahm, ganz wie die Universität St. Gallen auch, eine wichtige Rolle, um Führungskräfte heranzuziehen, die lange Zeit als Kader bezeichnet wurden, ganz wie in der untergegangenen DDR auch, oder in Frankreich, wo man lange von «cadres» sprach, wenn es um Manager ging.

Später wurden die Maschinenbauer aus Aachen und anderen deutschen Hochschulen bezogen, Harvard und Stanford, französische und norditalienische Universitäten wurden zur Steigerung des Wissens und der Fähigkeiten besucht. Weil die Nachfrage nach Managern immer mehr anstieg, suchten amerikanische Business Schulen den Einstieg in den Schweizer Markt, was aber mehrfach missglückte. In St. Gallen entsprangen der Hochschule viele «spin offs», die berühmteste und erfolgreichste sicher diejenige von Prof. Dr. Fredmund Malik, der gegen viele Widerstände als legitimer Erbe des St. Galler Management Modells gelten darf.

In dieser schöpferischen Glanzzeit der Schweiz gründete Prof. Dr. Klaus Schwab auch das World Economic Forum in Davos, eine Institution von Weltklasse, die den Ruf der Schweiz in den obersten Zirkeln der Weltwirtschaft fest verankert hat.

Diese Schweiz ist zu einem Welterfolg geworden. Sie wurde vom Freisinn geschaffen, von der CVP und der SP gefördert und wird nun von Christoph Blochers SVP infrage gestellt. Nicht jeder versteht dies. Was ist mit dieser aufblühenden Schweiz im späten 20. Jahrhundert geschehen? Wer hat die Kontrolle über dieses irdische Raumschiff verloren, wer gewonnen? Damit beschäftigen wir uns im zweiten Kapitel dieses Buches: Hybris.

KAPITEL 2

Die Hybris

Wer den Fall der Schweizer Kalter Krieg-Elite beschreiben will, muss, wie ich jetzt, einen tiefen Blutdruck und warme Füsse haben. Die alte Schweiz, «deep Switzerland», die Machtelite der FDP, der Schweizer Banken, Versicherungen, der Industrie und der Armee, eine Festung, die von der Eidg. Technischen Hochschule Zürich mit ihrem militärischen Weiterbildungs-Institut und der Universität St. Gallen abgesichert wurde, spürte die Krise schon früh kommen, Mitte der Siebziger Jahre, als offiziell noch als alles Ordnung war.

Die Anti-Banken-Initiative der SP Schweiz löste grösste Hektik in den Generaldirektionen aus, denn ein ganzes Geschäftsmodell der Schweiz geriet nun unter Beschuss. Die Nervosität in den Spitzengremien war, wie ich dies miterleben durfte, grösser als der Sachlage angemessen. Auslöser war der junge SP-Nationalrat Jean Ziegler, den es mit seinen Büchern gegen den Finanzplatz als Landesverräter abzustempeln galt. Als bekannt wurde, dass er sein neues Pamphlet gegen die Schweizer Banken in Frankfurt würde drucken lassen, steigerten sich die Sorgen der Bankiers zur Panik. Da ich seinerzeit noch Deutscher war, genauer intellektueller deutscher Gastarbeiter in der Schweiz, der sich als Verfasser von Memoranden und Artikeln gegen das sozialistische Schweden einen Namen gemacht hatte, wurde ich beauftragt, das Manuskript aus der deutschen Druckerei zu beschaffen. Ich spielte eine Rolle, wie dies in allen Kriegen, militärischen wie wirtschaftlichen, der Fall ist. Wer nicht zum Kern gehört, von aussen kommt, muss die gefährlichsten Aufgaben übernehmen. Damit schützt sich der Kern. Diese Spielregeln gelten bis heute.

Kurzum, weil ich ehrgeizig war und Karriere machen wollte, schliesslich hatte sich meine kleine Familie auf vier Köpfe vergrössert, übernahm ich die gut bezahlte Aufgabe und setzte, weil ich Frankfurt gut kannte, einen Vertrauensmann ein, der gegen ein hübsches fünfstelliges Honorar das Ziegler-Manuskript aus der Druckerei beschaffte. Wenn ich sage, diese Aufgabe war gut bezahlt, ging das Honorar dafür an meinen Arbeitgeber. Dieser empfand mich ohnehin als tüchtige Kraft, die schweizerische Solidität mit deutscher Präzision verbindet, und machte mich innert weniger Jahre zum Vizedirektor, was seinerzeit viel galt, und bestbezahlten Schweizer PR-Berater.

Ein Establishment wird nicht von aussen umgestossen, wie vielerorts verbreitet wird. Es steht schon vorher auf wackligen Füssen, auch nimmt die Qualität des Nachwuchses laufend ab, weil eine zu enge Selektion, die aus Sicherheitsgründen erfolgt, nicht die Besten an die Spitze bringt.

Je mehr ich als Berater in die höchsten Etagen der Schweizer Wirtschaft und bald auch Politik aufstieg, desto häufiger wurde mir die Frage gestellt: «Können wir Ihnen vertrauen?» Ich bejahte dies natürlich und kann nicht sagen, dass ich nicht daran glaubte. Die Schweiz war zur Zeit des Kalten Krieges ein einfach unersetzliches Traumland. Man bediente sich ihrer und sie bediente gerne.

Schon mehr als ein Zittern war der Milliardenverlust, den die Schweizerische Kreditanstalt in Chiasso erlitt. Sie kostete seinerzeit den talentiertesten Schweizer Bankier, Dr. Heinz Wuffli, den Job. Noch nie hatte eine Schweizer Bank zwei Milliarden Franken verloren. Bei kleineren Skandalen wie Silberspekulationen schob man die eigenen Verlierer einfach nach Genf ab, das damals noch weit entfernt von Zürich war. Mit der Zeit rückte der Finanzplatz Genf derart nahe an Zürich heran, dass man fehlbare Bankiers nach Hongkong oder Singapur spedieren musste, ganz wie die Engländer ihre Sträflinge 200 Jahre früher nach

Australien. Im Unterschied zu den englischen Sträflingen gab man Schweizer Bankiers im Fernen Osten nach einer Abkühlungszeit wieder eine Chance zur Rückkehr, wenn sie es nicht vorzogen, den Beruf ganz zu wechseln, Farmer zu werden oder Kriminalromane zu schreiben.

Die Chiasso-Krise liess das Land zutiefst erschüttert zurück. Man begriff, dass vom Tessin aus mit italienischem Fluchtgeld eine Schattenbank aufgebaut worden war, die der Kontrolle der Bank entglitten war. Hinter dem Erfolg eines hoch geschätzten Filialdirektors verbarg sich falscher Ehrgeiz, wie er zwanzig Jahre später auch den UBS-Konzern in die Knie zwang, so dass er von der Schweizerischen Nationalbank, die den Kantonen und damit dem Volk gehört, gerettet werden musste.

Heinz Wuffli traf der Rücktritt unvorbereitet. Er freute sich auf die Eröffnung des Hotels Savoy Baur au Lac am Paradeplatz, das er von seinem Fensterbüro gegenüber immer im Blick hatte. Dieses Zürcher Spitzenhotel gehört bis heute der Bank, wenn auch nicht ausgeschlossen werden kann, dass die amtierende Konzernleitung es verkaufen muss, um Cash für Strafzahlungen zu generieren. Heinz Wuffli musste zurücktreten. Als PR-Berater der Bank musste ich die Eröffnung dann mit unteren Dienstgraden durchziehen. Nach schwierigen Anlaufjahren übernahm der diskrete Hotelier Manfred Hörger das Savoy. Der Finanzplatz hatte damit ein zentrales Gästehaus erster Ordnung mit Besprechungszimmern von globaler Eleganz. Dort sollte ich auch Josef Ackermann kennenlernen, der neben Bankchef Rainer E. Gut einen Platz suchte; aber dies ist eine andere Geschichte.

Derlei hinderte den Finanzplatz nicht an seiner Expansion. Im Inland wurden Filialen ausgebaut, Direktion im ersten Obergeschoss. Dort wurden die ernsthaften Gespräche geführt, sei es um

Kredite oder Anlagen ausländischer Kunden, die im Zürcher Stadtzentrum nicht beobachtet werden wollten.

Einen Stock tiefer kamen die einfachen Leute mit ihren Sparbüchlein, um den Geldfluss der Bank im Gang zu halten.

Die Jahre der Hybris hatten begonnen. Alle Welt kam in die Schweiz, um Anleihen und Kredite aufzunehmen. Ronald Reagan und Margaret Thatcher waren die grossen Vorbilder der Schweizer wirtschaftlichen wie politischen Elite. Auch François Mitterand, obwohl offiziell Sozialist, und Helmut Kohl, der deutsche CDU-Kanzler, waren der Schweiz mehr gewogen, als dies in der Öffentlichkeit dargestellt wurde. Während Kohl und seine Partei bereits über die ersten Schwarzgeldskandale stolperten, wo die Schweiz und das Fürstentum Liechtenstein eine grosse Rolle spielten, bald auch die deutsche FDP mit ihrem Finanzchef, Graf Lambsdorff, der gerne im Baur au Lac Schweizer Gäste empfing, die Vorteile des Finanzplatzes genoss, konnten die französischen Regierungschefs jeden Ansatz von Skandal noch einfangen. Sie waren zu sehr mit der Regel in Asterix und Obelix vertraut, die bei einem Überfall in eine Genfer Bank den Angestellten, die Schliessfächer mit ausgebreiteten Armen schützend, zum Ausruf zwangen: «Ich will, dass es still bleibt um meine Konten.» Es sollte noch einige Jahre dauern, bis sich dies ändern sollte.

Von nicht geringerem Reiz waren die Lunches mit dem Geheimdienstchef eines lateinamerikanischen Landes, das eine seiner üblichen Finanzkrisen mit Anleihen in der Schweiz verhindern wollte. Man traf sich in der «Kronenhalle», aber nicht dort, wo die schönen Bilder hängen, sondern im oberen Stockwerk der ersten Etage, wo man kaum gesehen wird. Die Verhandlungen gingen einige Monate, bis eines Tages der Finanzminister des Landes die

Schweiz besuchte und die Dokumente unterzeichnete. Dort lernte ich, dass die eigentliche Arbeit viel früher beginnt. Wir hatten einen Pressedienst gestartet, um Verständnis für das Land zu gewinnen, dessen Inhalt von den Schweizer Wirtschafts- und Finanzredaktionen gerne abgedruckt wurde. Eine Journalistenreise in das marktwirtschaftlich fortschrittliche Land war überaus erfolgreich. Dass die Regierung zur gleichen Zeit mit ihren Gegnern nicht sehr menschenrechtsfreundlich umging, interessierte wenig. Es waren Kommunisten.

Es gab niemanden, der am Erfolg der Schweizer Banken nicht partizipieren wollte: Die Steuern flossen reichlich, was auch für die Landeskirchen galt, breitflächig wurden kulturelle Leistungen und zunehmend auch Sportanlässe gesponsert. Kleinen Wünschen kantonaler Regierungen und von Parlamentariern wurde gerne entsprochen. Die staatstragende FDP entwickelte sich tatsächlich zur Volkspartei, im Gefolge die CVP, welche über bedeutende Politiker verfügte, die den Banken gerne zu Diensten waren. Der Landesring der Unabhängigen war bereits im Untergang, die Sozialdemokratische Partei noch aggressiv, aber mit beschränkter Wirkung. Drei Viertel der Politiker waren solide bürgerlich, Elite eben.

In diesem Fall schlich sich die Krise nicht heran, sondern trat in der Person von Dr. Christoph Blocher sehr lautstark in die Arena. Von Zürich ausgehend, begann er die FDP zu demontieren, was deren Zürcher Vertreter lästig fanden, aber nicht recht ernst nahmen. Sie ahnten nicht, ständig den kommenden Untergang dieses Aufsteigers beschwörend, dass ihnen mit dem Urenkel schwäbischer Einwanderer ein Mann gegenüberstand, dem die Raubtierinstinkte wahrer Sieger noch nicht abhanden gekommen waren. Christoph Blocher, um ihn zu verstehen, muss mit einem «Conquistador» verglichen werden, der alles auf eine Karte setzt, um viel zu gewinnen. Waren es bei den spanischen Conquistadores das sagenhafte El Dorado und die Schätze Lateinamerikas, hiess Blochers erste grosse Beute Emser Werke. Er formte aus einem grossen KMU einen Weltkonzern. Als er einsah, dass die von Bankiers und Anwälten geprägte FDP nicht seinem Temperament entsprach, machte er die zweite grosse Beute: Aus der schwachbrüstigen Schweizerischen Volkspartei entwickelte er die heutige SVP, die stärkste Partei der Schweiz. Blocher gehörte schon nicht mehr zur alten Elite, sondern machte ein politisches Programm daraus, diese Elite anzugreifen und in hohem Masse auch zu zerstören.

Wer der Hybris verfallen ist, nimmt derlei Entwicklungen nicht mehr wahr. Als Bank- oder Parteichef ist man umgeben von Menschen, die bei seinem Erscheinen in höchstes Lob ausbrechen und seine Weisheit rühmen. Die legendäre Bescheidenheit Schweizer Bankiers war längst Vergangenheit. Man ging nicht mehr zu Fuss von seinem Haus am Züriberg zum Büro an der Bahnhofstrasse, dies ganz einfach deshalb, weil der Zeit- und Termindruck dies nicht mehr erlaubten. Der Generaldirektor im abgewetzten blauen Regenmantel machte immer mehr dem Kollegen Platz, der sich in London in feinstes Tuch einkleiden liess.

Diese Jahre brachten auch den definitiven Aufstieg der PR-Branche, deren Mitglieder an den lange führenden Werbeberatern vorbeizogen, indem sie Zutritt in die Verwaltungsräte und Generaldirektionen erhielten. Während man sich mit einem Werbeberater nur darüber unterhalten konnte, wie ein Inserat oder eine neue Plakatkampagne aussehen sollten, waren die PR-Berater versiert in der Wirtschafts- und Finanzpolitik. Sie waren in der Schweizer wie der internationalen Politik zuhause und konnten

Reden entwerfen, die in Bern oder Washington gehört wurden. Die Schweiz, einst berühmt für ihre Werbeberater und Grafiker, war im Begriff, auf diesem Gebiet langsam den Anschluss zu verlieren. Das hat sich bis heute akzentuiert, wo englische und amerikanische Grossfirmen der Werbebranche den Ton angeben und den Schweizer Agenturen nur das B-Geschäft nationaler Grössen bleibt, wollen sie nicht damit vorlieb nehmen, internationale Kampagnen nur an Schweizer Verhältnisse anzupassen.

Die Fähigkeit der Reflexion und der Bildung einer Meta-Ebene ist entscheidend für den Aufbau und die Umsetzung komplexer Aktionsprogramme. Grosse Männer der Schweiz aus der Zeit des Kalten Krieges, wie es Gustav Däniker und Rudolf Farner waren, setzten ihre militärischen Planungskenntnisse dafür ein. Sie entwarfen Generalstabspläne der Kommunikation, die auf Vorbildern aufbauten, welche sie vergessen hatten: denjenigen des deutschen Generalstabs aus dem Ersten Weltkrieg, dessen Arbeitsweise vom Schweizer General Wille übernommen wurde. So kämpften die grossen Schweizer Banken und viele Industriekonzerne noch mit den Instrumenten der europäischen Kaiserzeit um Meinungs-Marktanteile in der Blüte des Kapitalismus. Das konnte auf Dauer nicht gutgehen.

Ich stellte fest, dass die Amerikaner in New York City, Hollywood und Washington D.C. schon viel mehr auf Showeffekte und Consumerismus angelegt waren, als dies bei uns in der Schweiz üblich war. Man sprach dort offen über Kommunikation und die grossen Kommunikationsberater, seien sie aus der Werbung oder den Public Relations. Während die US-Firmen in voller Offensive waren, manchmal sehr raubeinig, taten BBC, Sulzer, Georg Fischer und viele andere mehr, als müssten sie in der Werbung Befehle ausgeben. Dies war kein Zufall, denn deren Chefs waren als Ingenieure oder Betriebswirte ausgebildet, meist Offiziere, die nie etwas von Kommunikation gelernt hatten und diese sogar als eine Form von Landesverrat betrachteten. Adolf Wirz, dem 51% unserer Agentur gehörten, 49% mir, liess mir freie Hand, effektiver zu werden.

Bei Ulrich Bremi lernte ich ausserordentlich viel. Sein Talent, die Menschen für sich zu gewinnen und sich an die Spitze der Kolonne zu setzen, war unglaublich. In Sitzungen, seien es politische oder firmenbezogene, meldete er sich oft erst als einer der Letzten zu Wort. Dann fasste er die Äusserungen der anderen geschickt zusammen und stellte seinen Antrag. In neun von zehn Fällen wurde dem Folge geleistet. So entstehen politische Führer. Einmal, nach einem grossen Empfang neben ihm stehend, stürmten die Menschen auf ihn zu: «Salü Ueli, wie geht's?» Er reagierte ruhig und immer freundlich, reagierte mit kurzen Sätzen. Als ich ihn fragte: «Kennen Sie die alle mit Namen?», sagte er: «Nein, aber die werden es nie erfahren.» Diese Technik habe ich natürlich seither mit grossem Erfolg übernommen.

Wichtig war es für mich, den Aufstieg von Ueli Bremi vom Zürcher Kantonsrat in den Nationalrat und in die Parteispitze zu beobachten. Während Jahren kommunizierten wir abwechselnd Unternehmenserfolge seiner Kaba-Gruppe und politische Auftritte. Aus dem Zusammenspiel dieser «beiden Arme», wie ich es nannte, entstand das perfekte Image des erfolgreichen Unternehmers und Politikers. Talent und Technik sind die besten Voraussetzungen für den Erfolg.

Diese Beobachtung war ein Grund, weshalb ich Dr. Christoph Blocher früh besser verstand als alle FDP-Politiker. Blocher, dessen war ich sicher, würde das gleiche machen wie Ueli Bremi, «beide Arme» für die Kommunikation nutzen, den unternehmerischen und den politischen. So geschah es auch und Christoph Blocher wurde unternehmerisch und politisch ein Mega-Bremi der neuen Generation.

In Zürich und später auch in Bern warnte ich die FDP-Fürsten vor dieser Herausforderung. Sie wollten es nicht hören und nicht verstehen. Das war meine grösste politische Niederlage als PR-Berater, aber für die FDP wurde es wirklich schlimm.

Weil ich früh schon in die Spitzenränge der Schweizer Wirtschaft vordrang und hervorragende Klienten als Lehrmeister hatte, kam ich mit den Linken und Progressiven im Land in Konflikt. Es war die grosse Zeit der Teams und der Teamführung. Man sass stundenlang, oft völlig ungeordnet, in irgendwelchen Konferenzzimmern, zeichnete Systeme und Stichworte auf Tafeln und Leinwände, um danach einem Berichterstatter den Auftrag zu erteilen, dies zusammen zu fassen und allen zuzustellen. Mir war das recht, denn längst hatte ich gelernt, dass derjenige, welcher das Protokoll schreibt, Herr der Situation ist. Doch klang mir das Wort von Helmut Maucher, dem Chef des Nestlé-Konzerns, im Ohr: «Es braucht Teams, aber einer muss entscheiden.» Meist war er es dann selbst.

Ich war überzeugt, dass die Welt hierarchisch funktionierte: Parteichefs sprachen am liebsten mit anderen Parteichefs oder Bundesräten, VR-Präsidenten zogen die Gesellschaft anderer Präsidenten gleichen oder höheren Ranges vor, Direktoren sprachen mit Direktoren, Grossschriftsteller nur mit Grossschriftstellern und sofort.

Daraus entwickelte ich die «Hierarchie der Kommunikation» als Instrument erfolgreichen Marketings. Gesellschaftspolitisch erfahrene Führungskräfte verstanden es sofort, Ingenieure und

Juristen fanden es zu einfach, weil sie entweder die Messbarkeit suchten oder die Rechtstreppe nicht fanden. Wer Waren oder Dienstleistungen auf den Markt bringen wollte, begriff sofort die darin enthaltenen Chancen.

Mein Modell war ebenso einfach wie kompliziert: Das meiste Geld geben die Firmen für Marketing aus, daher bildet Marketing den Fuss der Kommunikationspyramide. Eine Stufe komplexer sind die Corporate Communications, wo man über Finanzen, Human Ressources-Management und Geschäftsberichte spricht. Die höchste Stufe der Kommunikation, von der kaum jemand etwas verstand, sind die Public Affairs, die Beziehungen zur Gesellschaft.

Natürlich ist das Modell noch komplexer, aber das Wichtigste ist gesagt. Wer bei der Führung seiner Kommunikation einen Werbeberater für die Corporate Communications oder einen Marketingchef für die Public Affairs anstellt, wird sein Ziel höchstens per Zufall erreichen. Viele Firmen haben Millionen und Milliarden verloren, weil sie dies nicht begriffen haben.

Wenn die Schweizer Banken heute einen schlechten Ruf haben, dann liegt dies daran, dass sie auf der Basis einer hohen Glaubwürdigkeit auf Corporate-Ebene ein zu aggressives Marketing betrieben haben. Die Risiken der Public Affairs wurden von ihnen total unterschätzt. Das ist auch heute noch der Fall. An dieser Stelle lässt sich auch gleich die Frage beantworten, warum dies so ist. Mit dem beliebten Engagement von Journalisten und ehemaligen Chefredaktoren, welche die Medien besser in den Griff bekommen sollen, ist es nicht getan. Ein Journalist, mag er noch so gut gewesen sein, ist kein PR-Berater. Das ist, als stelle man einem Stabhochspringer einen Zehnkämpfer gegenüber. Die Journalisten haben nur ein sehr beschränktes Waffenarsenal kommunikativer Erfahrung, was sie auch gegenüber echten PR-Beratern so vorsichtig werden lässt.

Die «Hierarchie der Kommunikation», gehasst von allen Linken, Philosophen und Edelfedern, wurde bis heute zu einem grossen Erfolg. Nicht minder aber auch der zweite grosse Schritt, womit ich an die Stelle der Hinterzimmer-PR die offensive PR setzte, die sich der Öffentlichkeit stellt. Aus der Zeit des Kalten Krieges stammte die Schweizer Tradition der Büros und kleinen Agenturen, wo man im besten Fall als «Graue Eminenz» einen gewissen, oft fragwürdigen Ruf erwarb. Diese Technik, wie sie heute noch bei vielen Anwälten zu finden ist, hat den Vorteil, dass man nie richtig weiss, ob der Berater wirklich gut ist oder nur einen guten Ruf hat.

Was sich heute «open platform» nennt, habe ich früh in der PR-Branche angewandt. Es war, bis heute, zum Vorteil der Klienten und zum eigenen Vorteil, denn mit der öffentlichen Sichtbarkeit wuchs die Aufmerksamkeit. Zwölf Jahre bin ich bei «TeleZüri» in den «SonnTalks» aufgetreten. Roger Schawinski zahlte mir noch ein anständiges Honorar, das nach dem Verkauf an Tamedia dann aus Kostengründen gestrichen wurde. Das spielte für mich aber keine Rolle, denn neue Kunden, die sich ausdrücklich auf meine TV-Auftritte bezogen, brachten jährlich Hunderttausende von Franken Honorar ein. Danke, Roger.

Was vor vierzig Jahren mit den ersten Going Publics begonnen hatte, der Einführung von Unternehmen an die Zürcher Börse, entwickelte sich bald zu einem grossen Boom. Es waren die PR-Berater, welche die Führung übernahmen. Die Brüder Coppetti in Netstal bei Näfels in Glarus waren unter den Ersten, die den grossen Sprung wagten. Schweizer Unternehmer, die den grossen Auftritt kaum gewohnt waren, mussten nun vor Bankiers,

Finanzchefs grosser Anleger und den Medien erklären, weshalb sie erfolgreich sind und es bleiben wollen.

Nicht allen gelang es, viele zerbrachen an den Anforderungen. Ohne dauerhafte Begleitung eines PR-Profis, der die Erwartungen der Anleger kannte, wurden nicht die besten Preise erzielt. Es ging um Hunderte von Millionen Franken und Milliarden.

Langsam musste das Schweizer Volk lernen, sich mit dem Begriff der Milliarde anzufreunden. In den Primar- und Sekundarschulen hatte man bisher darauf verzichtet, solche Beträge überhaupt zu erwähnen. Wer etwas werden wollte, strebte den Millionär an; Milliardäre waren unbekannt, obwohl es solche, wie im Falle der Familien Schmidheiny, Schindler und Hoffmann längst gab. Bis Ende des 20. Jahrhunderts wurde Christoph Blocher von den meisten Medien als Millionär beschrieben. Als ich diskret darauf hinwies, dass ein Milliardär etwas ganz anderes sei als ein Millionär, gaben sich viele Journalisten verwundert. Sie wussten ganz einfach nicht, was ein Milliardär ist und welche Macht er entfalten kann.

Dr. Gustav Däniker hatte mich in der Bar des «Schweizerhofs» in Bern engagiert, ein Hotel, das nach langen familiären Wirren in die Hände der Scheichs aus Katar überging. Adolf Wirz, der Gentleman und damals schon «grand old man» der Schweizer Werbung, warb mich in der Bar des Hotel Savoy Baur au Lac dem «Büro Farner» ab. «Fänsch» Farner, der Raureiter der Schweizer Werbe- und PR-Szene, dessen 60. Geburtstag im Grand Hotel Dolder ich noch anrichten durfte, gab mir als letzte Worte mit: «Kaum einer, der mich verlässt, hat es alleine geschafft. Ihnen wünsche ich es.» Sein Partner Gustav Däniker, jetzt schon Divisionär und Chefstratege der Schweizer Armee, sah dies weniger freundlich. Seine leicht voluminöse Unterlippe zitterte wie immer, wenn er in Erregung war. Er verlangte Disziplin auch beim Abschied, was ihn nicht hinderte, meine dreimonatige Kündigungszeit auf zwei zu beschränken, weil er mit Recht Angst hatte, einige seiner Kunden würden mit mir gehen.

Bei Adolf Wirz stieg ich zum Partner auf, wurde VR-Delegierter und Direktor seiner PR-Agentur. Wo vorher nichts war, arbeiteten bald fast dreissig Menschen. Die auch heute noch existierende Werbeagentur gleichen Namens verstand damals von modernen PR kaum etwas. Mit meinem Instrumentarium, das denjenigen der Konkurrenz um Längen voraus war, gaben sich bei uns Bankiers, Unternehmer und Spekulanten die Türklinke in die Hand. Der feinsinnige alte Herr, immer dem Zeitgeist ein wenig voraus, gab bald darauf das Buch heraus: «Der ethische Unternehmer». Es sollte für viele Jahre ein Verkaufserfolg in den Buchhandlungen werden. Als ich den 75-jährigen Adolf Wirz einmal fragte, warum er das Buch erst jetzt geschrieben habe, antwortete er: «Früher konnte ich mir das nicht leisten.» Er sah die kommenden Erschütterungen voraus, hielt sich damit aber zurück, um den Geschäftsgang seiner Firmen nicht zu gefährden.

1982 machte ich mich selbständig. Auslöser dafür war weniger mein Ehrgeiz, denn ich bin von Natur aus ein eher treuer Mensch, sondern ein PR-Vorfall, der auf Jahre hinaus Wogen schlug.

Die aufstrebende Schweizerische Volkspartei (SVP) lud mich ein, ein 14-tägiges Seminar für ihre eigenen Politiker, Kantonsräte, Grossräte, National- und Ständeräte aufzubauen und durchzuführen. Hoch geehrt sagte ich zu unter der Prämisse, die FDP, der ich während Jahren zu Diensten war, würde dies erlauben. Die FDP war so leichtsinnig, in ihrer standesgemässen Überheblichkeit aber auch so unvorsichtig, mir dies zu gestatten. Es wurden zwei wunderbare Seminarwochen am Fusse des Jura, wo wir trainierten, wie man sich politisch ausdrückt, wie man auftritt, Reden hält und die Öffentlichkeit mit den Medien für sich gewinnt. Ich lehrte die rund achtzig Teilnehmer aus der ganzen Schweiz, was politisches «timing» bedeutet, wie man den Gegner angreift und Verbündete gewinnt. Das ganze Spektrum der politischen Schweiz tat sich auf; die Teilnehmer machten enthusiastisch mit.

Am Ende des Seminars, an welches sich die Teilnehmer noch zwanzig Jahre später erinnerten, als sie mir begegneten, wurde ich vom Generalsekretariat gebeten, eine Zusammenfassung der Ergebnisse zu verfassen. Es war kurz vor Beginn der Sommerferien, unsere beiden Söhne waren im besten Wanderalter, und wir zogen uns in das Chalet im Oberwallis zurück. Dort schrieb ich auf knapp 300 Seiten das Dossier «Wahlkampf von A–Z», eine Anleitung für richtige Politiker. Die SVP bestellte sechzig Exemplare, für mich war der Fall erledigt. Ich stieg hinauf auf die benachbarte Moosalp, wo es wunderbare Crèmeschnitten und grosszügige Raclettes gab. Der Sommer konnte beginnen.

Zwei Jahre später, es waren gerade Wahlen in Zürich, kam «Wahlkampf von A–Z» an die Medienöffentlichkeit. Es brach ein Proteststurm aus, wie ich ihn noch nie erlebt hatte, ein richtiger «shitstorm», wie man ihn heute nennt. Landesweit wurde ich angeklagt, auf einer ganzen Seite im Inlandteil der «Neue Zürcher Zeitung», ich würde den Politikern schmutzige Tricks beibringen. Die harmlosen, aber aufgeregten Journalisten hatten keine Ahnung, was wirklich schmutzige Tricks im Wahlkampf sind. Ich hatte lediglich beschrieben, was die Praxis in Schweizer Wahlkämpfen ist. Die Nachfrage nach diesem Buch, das in Wirklichkeit nur als kopierte Dokumentation existierte, stieg sprunghaft nach oben und hielt noch während Jahren an.

Dieser Vorfall führte zu meiner Trennung von Adolf Wirz und seiner Agentur. Er musste mir, dem 49%-Teilhaber, ein kleines Vermögen auszahlen und ich hatte zum ersten Mal im Leben richtig Geld. 14 Tage später zog ich in meine eigenen Büros, die der Klaus J. Stöhlker AG, in der Zürcher City ein. Wir waren vom zweiten Monat an in den schwarzen Zahlen. Die Kunden standen Schlange.

Erst der Berater, der selbst Krisen erlebt hat, ist ein richtig guter Krisenmanager. Ich ahnte nicht, wie oft die Hybris der Schweizer Banken mich als Krisenberater fordern würde, aber ich wusste schon früh, dass mich nichts würde erschüttern können. Handwerkszeug und Erfahrung waren vorhanden.

Zu den angenehmsten und wichtigsten Erfahrungen jener Jahre zählte auch die Begegnung mit dem Investor Dr. Branco Weiss. Er hatte die von ihm geschaffene Kontron AG, ein Unternehmen der Medizintechnik, an die Roche verkauft, die sich zuletzt weigerte, die letzte Rate von Fr. 30 Mio. mit Zinsen zu bezahlen. Wir, Branco Weiss, ein kluger Anwalt und ich, mussten Fritz Gerber, einen Altersgenossen von Branco Weiss, vier Jahre juristisch und medial unter Druck setzen. Dann zahlte Roche jeden Rappen. Danach durfte ich viele Jahre von Branco Weiss lernen. Es ist ohnehin der schönste Lohn eines Beraters, das Wissen seiner Kunden aufnehmen zu dürfen.

Während die FDP Schweiz in Hybris verfiel und die CVP Schweiz von einer katholisch-konservativen Position in die einer Partei der Lobbyisten retirierte, erlebte ich am Beispiel von Branco Weiss und Nicolas G. Hayek, wie Ausländer den Industriestandort Schweiz neu aufbauten. Branco Weiss, Gründer und Präsident des Swiss Venture Capital Club, war immer ein emotionaler Konkurrent von Nicolas G. Hayek, den ich schon kannte, ehe er zum Retter der Schweizer Uhrenindustrie wurde. Weiss zeichnete jährlich den «Unternehmer des Jahres» aus, was seinem Temperament entsprach, aber auch seinem Ruf förderlich war. Unvermeidlich kam das zehnte Jahr, wo ich die Frage stellte: «Wer wird Unternehmer des Jahrzehnts?» Der welsche Star-Journalist Jacques Pilet, wie viele Journalisten dem sozialen Ausgleich zugeneigt, empfahl, zehn Jungunternehmen den Preis zuzusprechen. Ich warf ein: «Erstens macht dies viel Arbeit und zweitens werden sieben davon bald bankrott sein.» Ich schlug vor, den «Unternehmer des Jahrzehnts» zu wählen.

Branco Weiss und mir war sofort klar, dass dies die Lösung sei, wem aber sollte der Palmares zugesprochen werden? Ich schlug vor, ihn kennend und respektierend: Nicolas G. Hayek.

Es ist leichter, einen Aal festzuhalten als diesen wunderbaren Libanesisch-Schweizer Gründerunternehmer, dessen Intellekt und Gerissenheit einen wichtigen Teil der Schweizer Wirtschaft gerettet hat. Branco Weiss, als Inventor und Investor immer ein Konkurrent des grossen Welschen, misstraute meinem Vorschlag. Warum gerade Hayek? Meine Antwort überzeugte ihn: «Wer ist grösser, der Empfänger eines Preises oder der Geber?»

Ich wurde dazu verurteilt, Hayek zur Annahme des Preises zu gewinnen. Pilet, der Hayek auch gut kannte, zog sich zurück. Was tun? Ich halte das Telefon immer noch für eine der gefährlichsten Waffen der Neuzeit, wählte also Hayeks Sekretariat an, das mich kannte, und erbat Zugang zum Chef.

Ich fragte den äusserst selbstbewussten Uhrenchef, ob er den Preis «Unternehmer des Jahrzehnts» annehmen würde. Er zögerte und erbat sich Bedenkzeit, wollte den Ablauf kennen.

Nach fünf Tagen erreichte mich der Rückruf: «Herr Hayek akzeptiert.» Mein Klient Branco Weiss, der nicht ganz daran geglaubt hatte, freute sich riesig. Wir richteten im Zürcher Zunfthaus «Zur Meise», dem Wohnzimmer der Stadt Zürich, eine grosse Party für 200 Personen an. Branco Weiss zeichnete seinen Innovations-Konkurrenten Nicolas G. Hayek vor Prominenz und Medien aus. Hayek brachte eine Sonderausgabe der Swatch mit seiner Unterschrift auf dem Zifferblatt mit, die jeder Teilnehmer mitnehmen durfte. Hayek freute sich, denn sein schwankender Ruf als exzentrischer Unternehmer war durch den Titel gefestigt. Branco Weiss freute sich, denn Geben ist seliger als Nehmen. Kein Mensch sprach von Spesen.

1989 wurde zu einem Schicksalsjahr für Europa, Deutschland, die Schweiz und für mich. In Deutschland fiel die Mauer, womit ganz Europa eine neue Mittelmacht erhielt, was damals nur ganz wenige sehen wollten. In der Schweiz wurde mit der Diamant-Feier noch einmal die Kultur der alten Schweiz gefeiert, aber niemand wollte es richtig glauben. Die Zahl der Armee-Abschaffer war auf fast vierzig Prozent angestiegen. Was die Linken nicht erreichten, sollten dann die Bürgerlichen umsetzen.

Immer noch als Berater von FDP-Politikern unterwegs, traf mich die Kopp-Krise nicht überraschend. Ich hatte die aus dem Zürcherischen Zumikon kommende Politikerin genau beobachtet und der Parteispitze seit Monaten empfohlen: Nehmt die Frau aus dem Rennen, sie kann nicht mehr. Ihr Rücktritt, den sie heute zu Recht als nicht notwendig bezeichnet, war die Konsequenz einer schwachen Parteiführung und einer individuellen Überforderung. Mit Elisabeth Kopps Rücktritt wurde die Krise der FDP offensichtlich; die Partei sollte sich mangels intelligenter Parteichefs nie mehr davon erholen.

Ueli Bremi, der grosse Förderer von Elisabeth Kopp, tat mir einen fragwürdigen Dienst, als er mich bat, sie aus dem mentalen Loch zu holen, in welchem sie sich nach ihrem Rücktritt befand. Neun Monate kämpfte ich darum, sie möge sich erholen und fassen. Als sie sich, ohne mein Wissen, in österreichischen Medien in der Schweizer Fahne ablichten liess, trat ich von diesem Mandat zurück. Ich sagte, es werde mehr als zehn Jahre dauern, bis sie sich von diesem Imageschaden erhole. Elisabeth Kopp hat dies weitgehend geschafft, die FDP nicht.

Als Beschützer von Elisabeth Kopp erhielt ich Zuspruch von Insidern, aber der zweite «shitstorm» war unvermeidlich. Ich hatte gerade mein millionenteures Bürohaus in Zollikon gebaut, als ich öffentlich als grosser Sünder gebrandmarkt wurde.

Nun, ich liebe heftige Stürme und fahre schon deshalb gerne in unser Haus an der Algarve, um dort richtige Atlantikstürme zu erleben. Ein Tornado hat mir jüngst den halben Garten mit afrikanischen Pflanzen zerstört, aber ich habe sie neu anpflanzen lassen.

Die erste Phase der Hybris endete schon zur Weltausstellung in Sevilla, wohin ich alle unsere Mitarbeiter eingeladen hatte. Ben Vauthier, der geniale, heute vergessene Schweizer Künstler, schleuderte uns den Satz entgegen: «La Suisse n'existe pas.»

In jener fernen Zeit stürzte auch die Swissair, das nationale Symbol, und Christoph Blocher besiegte die EU-Beitrittsbefürworter. Ich sollte in beiden Fällen inmitten der Auseinandersetzung stehen. Das ist ein neues Thema.

Kapitel 3

Die grosse Blase

Der tragische Held des Kalten Krieges war Dr. Dieter Bührle, von seinem Vater geprägter Waffenproduzent. Die Banken, das Gold aus Südafrika, ein breiter Anstieg des Massenwohlstandes hatten in ihm den perfekten Exponenten. Zusammen mit seiner Schwester Anda, die ihm später dann auch die Führung des Familienimperiums entzog, schuf er immer gigantischere Waffensysteme, bis sein eigenes System zusammenbrach. Als Oberst der Schweizer Armee wegen Waffenschmuggels entlassen, lebte er in einer kleinen Wohnung in Zumikon, weil er Angst vor fremden Menschen und Überfällen hatte. Die Gier war ihm geblieben, denn als es eines Tages an seiner Tür läutete und ein Fremder ihm beste Diamanten und Brillanten zum Bruchteil ihres wahren Wertes anbot, legte er Millionen Franken, die er zuhause hortete, bar auf den Tisch. Es war Glas, das Geld zerronnen, ganz wie sein Unternehmen, dessen Reste heute von einem Russen, Wiktor Wekselberg, geführt werden.

Es begann die Zeit der grossen Blasen. Wer schon reich war, wurde noch reicher durch die beginnende Globalisierungswelle, in welcher die Schweiz seither eine führende Rolle spielt. Von aussen flossen Milliarden in die Schweizer Banken und deren Netzwerke. Der Gewinnmotor im Inneren hatte einen Namen: Quincy Hunsicker, jener Amerikaner aargauischer Abstammung, der McKinsey in der Schweiz an die Spitze führte und das US-Beratungsunternehmen zur rentabelsten Ländergesellschaft des US-Konzerns machte. Er führte, zum Vorteil der Schweizer Firmen und ihrer Eigentümer, die Mehrwert-Kostenanalyse in der Schweiz ein, ein Instrument, das falsche Strukturen in den Firmen auflöste. Hunderttausende von Jobs wurden neu gegliedert, Tausende entlassen. Das spielte gesamtwirtschaftlich keine grosse Rolle, denn die Schweizer Wirtschaft wuchs seit Jahren im

Rekordtempo. Laufend entstanden neue Arbeitsplätze, sei es im In- und Ausland. Die Globalisierung der Schweiz kam nach dem Fall der Mauer in Berlin und dem Zusammenbruch der Sowjetunion voll auf Touren. Diese dauerhafte Föhnlage für das grosse Kapital veränderte die Schweiz erheblich und für alle Zeiten. Aus dem Bauernland mit starken Industriefirmen und Finanzdienstleistern wurde das Land der globalen Konzerne. Mit zunehmendem Tempo sollten nun Schweizer Familien ihre Aktien verkaufen. Sie erzielten Bestpreise beim Verkauf an ausländische Aktionäre, seien es Pensionsfonds, Hedge Funds oder noch grössere und reichere Familien: die schwedischen Wallenbergs oder Milliardäre aus Hongkong und den arabischen Emiraten. Die nun immer reicher werdende Schweiz verlor langsam die Kontrolle über viele ihrer wichtigsten Firmen. Kaspar Villiger, alt Bundesrat, fasste dies einmal zusammen: «Die hundert grössten Schweizer Firmen sind unter ausländischer Kontrolle.» Viele mittlere und kleinere auch: Wo Schweiz drauf stand, war immer weniger Schweiz drin.

Der beginnende Zusammenbruch grosser Teile der Schweizer Firmenwelt zeichnete sich früh ab. Als die schwedische Firma Asea die altgewordene BBC übernahm, damals das grösste und bedeutendste Schweizer Industrieunternehmen, in dem Schweizer Ingenieurskunst ihre höchste Blüte erlebte, wurde dies von einem Edelschweizer, David de Pury, der Schweizer Öffentlichkeit als «merger of equals» verkauft. Kein Wort davon war wahr.

Die alte BBC war ein in vielen Teilen fast unführbares Industriemonster geworden, wo hohe Schweizer Offiziere untereinander um die Spitzenpositionen kämpften. Der Kampf um Karrieren und Gewinne hatte die Konzernführung überaltern lassen. Der kleineren und viel erfolgreicheren Asea gelang die Übernahme praktisch im Handstreich, Schon damals zeigte sich ein Modell, wie es aus der Geschichte Europas bekannt ist, aber in der Schweiz aus erklärbaren Gründen nie offen gelegt wurde: Die Eliten der Schweiz liefen über zu den neuen Eliten aus dem Ausland und wurden mit hohen Entschädigungen, Positionen in den Verwaltungsräten und Renten dafür belohnt.

Im mittleren Kader wurde gewütet und ausgeräumt. Ein entgeisterter BBC-Vizedirektor rief mich an und fragte: «Was soll ich tun, McKinsey ist zum dritten Mal in unserer Division?» Ich antwortete ihm: «Bleibe in Deckung, nicht auffallen, nicht bewegen.» Er überlebte diese Strukturstürme und wurde danach nochmals befördert, um dann einem Konzern-Direktionsmitglied zum Opfer zu fallen, der ihm die letzte Beförderung vor der Pension verweigerte. Der alte Geist der engen Zusammenarbeit zwischen Topmanagern und Offizieren, Regierungsräten und Chefbeamten, brach langsam zusammen. Er hatte dafür gesorgt, dass die Kantone mit der besten technischen Ausrüstung, sei es in der Energieversorgung oder Verbrennungsanlagen, versorgt wurden. Die Deals wurden oft schon in den Kasernen der Schweizer Armee vorbereitet. Geld gab es überall zu Genüge, um sich das Beste leisten zu können.

Oft stand ich Auge in Auge den Entscheidern gegenüber. Es war eine europäische Erfahrung, den aufstrebenden Nokia-Konzern aus Helsinki als «Head Consultant Continental Europe» begleiten zu dürfen. Die ruppigen jungen Finnen, meist nicht älter als 28 bis 36 Jahre, rasten wie die Wikinger über Europa hinweg, kauften TV-Fabriken in Deutschland und Fabriken für Spezialmaschinen in der Schweiz ein.

In Epalinges bei Lausanne übernahmen wir eine hoch angesehene Waadtländer Firma, die von einem Erben in vierter Generation geführt wurde. Er war zu alt geworden, um den Übergang in ein neues Management noch zu ermöglichen, und zog den

Verkauf vor. Symbolisch für den Zustand vieler Schweizer Industriefirmen war die Bekanntgabe des Verkaufs im grossen Produktionssaal.

Mehrere hundert erstklassig ausgebildete Mitarbeiter standen zwischen ihrem alten Management mit einem Durchschnittsalter um die 70 Jahre und dem neuen Nokia-Management, Durchschnittsalter 30 Jahre. Hier fand ein Übergang statt, wie ihn das ganze Land bald ergreifen sollte.

Es war, wie ich immer wieder, quasi am lebenden Körper, beobachten konnte, die Erfahrung, dass es die Führungsschwäche der Firmeneliten war, die zum Zusammenbruch und Ausverkauf wichtiger Schweizer Firmen führte. Die alte Generation aus der Zeit des Kalten Krieges schaffte den Anschluss nicht mehr. Grosse Teile des Topmanagements waren von der Armee geprägt, die sich zu lange Zeit als Hochschule der Schweiz betrachtet hatte. Es war eine starre Elite geworden, ganz wie im Alten Bern oder in Venedig. Beide wurden von Napoléon I. gestürzt, dem grossen Erneuerer des Landes im frühen 19. Jahrhundert.

Belegt wurde mir dieser Vorgang durch eine der erfolgreichsten und gleichzeitig tragischsten Figuren der Schweizer Wirtschaft und Politik: Ulrich Bremi, Dipl. Ing. ETHZ, ein Aufsteiger in Wirtschaft und Politik, der bis heute Vielen im Land als Vorbild dient. Er kletterte hinauf in jene eisigen Zonen, wo über die Besetzung von Spitzenpositionen in Wirtschaft und Politik entschieden wird. Welchen Spannungen er ausgesetzt war, zeigt eine frühe Sanierung der weltgrössten Rückversicherung, die sich heute Swiss Re nennt, unter seiner Führung. Er war es aber auch, der den Schweizer McKinsey-Chef Lukas Mühlemann bis hinauf begleitete in die Führung der einstigen Schweizerischen

Kreditanstalt, die sich seither Credit Suisse nennt. Die Swiss Re erlebte seither noch etliche Turbulenzen, ist heute aber wieder stabilisiert. Das kostete sie einen wichtigen Rang: Die weltgrösste Rückversicherung heisst heute Munich Re. Aber ohne Bremis Einfluss zur Sicherung der Swiss Re wäre heute der Grossraum Zürich nicht jenes herausragende Zentrum globaler Rückversicherungen geworden, als dass er sich darstellen kann.

Lukas Mühlemann ist eine andere Geschichte. Der brillante junge Absolvent der Universität St. Gallen machte bei McKinsey eine Karriere bis an die Spitze des Unternehmens. Ehrgeizige junge Schweizer und Schweizerinnen, wie Barbara Kux, die später bei Nestlé, Philips und Siemens bis in die Konzernleitungen aufrücken durfte, suchten den Eingang zu McKinsey. Es entstand ein Karrierenetz ehemaliger «Meckies», das sich bewusst gegenseitig begünstigte. Einzig der Executive Searcher Dr. Egon Zehnder, der enge Beziehungen zu dieser Elite pflegte, durfte dort talentierte Mitarbeiter für sein Unternehmen gewinnen. In diesem Doppelnetzwerk talentierter Schweizer, das sich dann auch global ausdehnen sollte, wuchs auch die Schweizer Wirtschaft.

Lukas Mühlemann, dem man auch die Führung des McKinsey-Beratungskonzerns zugetraut hatte, war, wie häufig in derlei Situationen, eine einseitige Begabung. Seinem analytischen Talent, das mit höchster Geschwindigkeit glänzende Ergebnisse brachte, stand seine wenig ausgeprägte soziale Intelligenz gegenüber. Der leutselige Klavierspieler, nicht ohne Talent, Rotweintrinker und Zigarrenraucher versagte, wenn es zur Beurteilung von Menschen kam.

Ein typischer Vorfall: Eines Tages stand ich ihm in der eleganten Bar des Zürcher Fünf-Sterne-Hotels Baur au Lac en Ville gegenüber. Es war die «blaue Stunde», wo man sich vom täglichen

Stress erholte. Mühlemann, damals CEO der Credit Suisse, stand mir gegenüber, ein Glas Weisswein in der Linken, die Cigarre in der Rechten, umschwärmt von einer Reihe attraktiver Frauen, als ich ihm sagte: «Dieser 300 Millionen Franken-Verlust in den USA ist nicht schön.» Mühlemann visierte mich an und reagierte blitzschnell mit den Worten: «Eine Milliarde Franken liegt im Bereich der Tagesschwankungen.» Es sollte, wie wir heute wissen, für die Banken noch viel teurer werden.

Ulrich Bremi, ein leutseliger Volkspolitiker, der seine Freisinnige Partei zur Volkspartei machte, erlebte dies alles mit. Seinen Glauben an das Neue, die Jugend, den Nachwuchs, verlor er nie. Als ich ihn vor der Jahrtausendwende einmal fragte, was die Schweizer Wirtschaftsführer falsch gemacht hätten, gab er zurück: «Erstens haben wir die Geschwindigkeit der Globalisierung falsch eingeschätzt, deshalb haben wir die falschen Leute an die Spitze geholt und hatten, drittens, zu wenig Mut, sie rasch genug wieder auszuwechseln.»

Deshalb sollte die grosse Blase, welche die Schweiz seit einer Generation aufgebaut hatte, weiter platzen. Wer dies persönlich oder als nationale Katastrophe erlebte, war geschockt. In der Realität verwandelte sich die früher weitgehend national aufgebaute Schweizer Wirtschaft in ein global orientiertes Konzern- und Dienstleistungszentrum. Weil dies dem Schweizer Volk natürlich nie mitgeteilt wurde, war dessen punktuelle Aufdeckung der nächste Schock. Aus der nationalstolzen Schweiz wurde langsam «Singapur West».

Bleiben wir bei den Zusammenbrüchen, denn der grösste und bitterste sollte erst kommen.

Zu den Flaggschiffen der Schweizer Wirtschaft zählte neben der soeben als Schweizer Konzern untergegangenen BBC und als Globalkonzern auferstandenen ABB die Swissair. Sie, die noch kurz zuvor als «fliegende Bank» mit sechs Milliarden Franken in den Koffern bezeichnet wurde, stürzte innerhalb eines Tages für immer ab. Die Geschichte dieses Unfalls, der keiner war, wurde schon viele Male beschrieben.

Lässt sich dem noch etwas hinzufügen? Ja, denn auch der Absturz der Swissair war die Folge nationaler Hybris, wo ein Genfer Privatbanquier, der im obersten Führungsorgan der Swissair Einsitz hatte, über dieses Gremium sagte: «Wir sind die beste Business School der Welt.» Niemand hat je behauptet, es habe sich um den intelligentesten Schweizer Privatbanquier gehandelt, aber waren dies nicht rhetorische Warnsignale? Niemand nahm derlei als Symptom einer Krisenlage.

Ich erlebte den Swissair-Absturz in der obersten Etage des Hauptsitzes Balsberg in den Büros der Konzernleitung. Wie kam ich dahin? Philippe Bruggisser, ein tragischer Kapitän Ahab, der mit seinem Weissen Wal, der Swissair, zusammen unterging, war ein Technokrat, der nächtelang rechnen konnte, wie man aus hundert Kleinfirmen einen stabilen Konzern macht. Er hatte mich nach Genf gerufen, wo die Gewerkschaften streikten. Da ich als PR-Berater immer schon ein guter Vermittler war, gelang uns die Beruhigung der Lage innerhalb kürzester Zeit. Dort brachte ich eines meiner wichtigeren Programme zur Anwendung: Die höchste Form der Aggression ist die Umarmung. Das heisst, will man einen Gegner zum Freund und sogar zum eigenen Mitarbeiter machen, ist nicht die Konfrontation der richtige Weg, sondern dessen Umarmung.

Als wir die Genfer Gewerkschaften genügend umarmt hatten, was dazu geführt hatte, den vorherigen Konfrontationskurs aufzugeben, fragte mich Bruggisser: «Was mache ich jetzt mit meiner PR-Abteilung?» Ich gab den bündigen Rat: «Werfen Sie alle hinaus mit Ausnahme des Genfer PR-Chefs», der dann auch Jahre später in Ehren pensioniert wurde. Bruggisser folgte meinem Rat, verlangte aber innerhalb einer Woche Ersatz für die PR-Leitung der Swissair.

Ich ging noch gleichentags zu Bea Tschanz, die ich von Ringier zu Jelmoli transferiert hatte und dort zur Marketingleiterin aufgestiegen war, aber dort nur die Aufgabe hatte, diesen Wasserkopf zu reduzieren, und sagte: «Frau Tschanz, ich brauche Sie bei der Swissair.» Innert 48 Stunden hatte die Swissair eine neue PR-Chefin, die in einer Situation antrat, die sie zur Legende machen sollte. Nach der Ablehnung eines Mergers der Swissair mit der kleineren schwedischen SAS, wo Frank A. Meyer, der selbstdeklarierte oberste «citoyen» der Schweizer Medienszene, ein Cicero des Bieler Kleinbürgertums, und der unter seinem Einfluss stehende Berner SVP-Bundesrat Adolf («Dölf») Ogi, aus dem gleichen Milieu stammend, eine unheilvolle Rolle gespielt hatten, blieb Bruggisser nichts anderes übrig, als Europa nach Rest-Airlines abzusuchen, die ohnehin bankrott waren, um daraus eine grosse Fluggesellschaft zu machen. Er scheiterte.

Er scheiterte an einer unrealistischen obersten Personalpolitik, weil er vielen die Führung solcher Einheiten zutrauen musste, aber diese total überfordert waren. Das einst reichliche Vermögen der Swissair schoss wie Blut aus einem schwer verletzten Körper heraus. In seiner Verzweiflung, denn vom eigenen Verwaltungsrat sah er die Rettung nicht mehr kommen, rannte er durch das Land bis hin zum Bundesrat, immer wieder ausrufend: «Ich brauche drei Milliarden Franken, dann ist die Swissair gerettet.»

Die Schweizer Elite zerfleischte sich untereinander. Ob es die «Basler Mafia» war mit dem andernorts berühmt-berüchtigten Paar Marcel Ospel und Moritz Suter an der Spitze, ob es Ulrich Bremi war, dessen Rettungsversuche auch misslangen, oder Bundesrat Kaspar Villiger, der mit seiner Erfahrung als ehemalige KMU-Unternehmer alten Verlusten keine neuen nachwerfen wollte? Die Insider schweigen bis heute, die Prozesse sind abgeschlossen, die Verluste verbucht. Der letzte Mohikaner an der Spitze der Swissair, Mario Corti, vormals als Finanzchef Nr. 2 von Nestlé, verliess die Schweiz im Protest Richtung USA. Er durfte nicht Nr. 1 bei Nestlé werden, trat bei der Swissair nur mit einer Honorar-Vorauszahlung von über zehn Millionen Franken an und scheiterte als Sanierer. Die Reste der alten Swissair wurden der Deutschen Lufthansa für ein Taschengeld von 70 Millionen Franken geschenkt. Unter fähigen deutschen Lufthansa-Managern erwirtschaftet sie seither wieder Jahresgewinne von gegen 300 Millionen Franken. Sie ist ein Bijou in einem wunderbaren Markt geblieben, wo viel teuer transportiert und geflogen wird. Bea Tschanz wurde eine PR-Legende, alt Bundesrat Moritz Leuenberger liess sich zum Präsidenten der Swissair Stiftung wählen. Der Weg der Schweiz in das Museale war vorgezeichnet.

Die Sturmtruppen der Globalisierung habe ich oft erlebt. Es sind smarte 30- bis 40-jährige Männer und Frauen, deren «Seniors» oft nur ein Jahrzehnt älter, die in der Öffentlichkeit kaum auszumachen sind. Sie sind, was von «ehrlichen Schweizern» meist unterschätzt wird, nicht nur hervorragend ausgebildet, sondern auch bestens trainiert. Nie werde ich jene Sitzung in der Nordschweiz vergessen, wo die Berater-Equipe aus London eingeflogen wurde, um eine Übernahme in England vorzubereiten. Die Männer sportlich-schlank, «very british and often brutish», direkt und für Schweizer Verhältnisse brutal in der Aussage, neben ihnen sehr attraktive jüngere Beraterinnen, oft nicht älter als dreissig, in eng geschnittenen Geschäftskostümen. Die Stimmung ist von höflicher Aggressivität geprägt. Man sucht den Gegner, den Auftraggeber, in den Griff zu bekommen.

Mein Vorsitzender der Konzernleitung, ein konservativer Schweizer Ingenieur, des Englischen nur beschränkt mächtig, sagt zur Eröffnung der ersten Verhandlungsrunde: «Ladies and Gentlemen. It's the first time I'm planning such an takeover.» Ich wollte ihm einen Tritt ans Schienbein geben, aber das ist in der Schweiz nicht üblich.

Weshalb? Ich sah, wie die englischen Berater ihre Honorare in die Höhe schraubten, denn ein unerfahrener Klient zahlt immer doppelt. Schliesslich verdienen in London auch gute Berater nur relativ wenig und erhalten nur dann Boni, wenn die Honorare, welche sie eintreiben, hoch sind.

Es ist einseitig, die Globalisierung der einst national geführten Schweizer Wirtschaft zu beklagen. Jeder grosse Schweizer Konzern hat Hunderte von Auslandfirmen übernommen oder neu gegründet. Der heute stagnierende Nestlé-Konzern wuchs Jahrzehnte mehr durch Übernahmen als internes Wachstum. Die beiden grossen Schweizer Pharmakonzerne F. Hoffmann-La Roche und Novartis kaufen kreative Firmen fast um jeden Preis, damit sie mit deren Produkten die Gewinne von morgen machen können.

Hat die Schweiz davon profitiert? Ja, auf jeden Fall im Umfeld dieser hundert grossen Konzerne, die ihren Sitz in der Schweiz haben. Die benachbarten Österreicher beneiden uns darum.

Diese Konzerne haben, wie Nestlé in der Stadt Vevey in der Waadt beweist, ganze Regionen gestützt. Ebikon im Luzernischen lebt vom Aufzughersteller Schindler, dessen Mitarbeiter dort

Steuern bezahlen. Der Kanton Luzern hat die Firmensteuern massiv gesenkt, damit die Konzerne auch bleiben. Trafigura, einer der grössten «global traders», hat den Sitz Luzern aufgegeben und ist nach Singapur gezogen; eine Warnung an die Adresse des Kantons, die nicht überhört wurde. Alfred Schindler selbst hat schon zweimal mit Auswanderung gedroht, wenn die Steuern nicht sinken. Die beiden Halbkantone Basel-Stadt und Basel-Land leben mehr denn je von den beiden grossen Pharmakonzernen Novartis und HoffRoche. Daniel Vasella, eine Hamlet-Figur shakespearischen Ausmasses, der Novartis gross gemacht, den Novartis Campus in Basel hat bauen lassen und über 30% der Aktionärsstimmen von HoffRoche in einem günstigen Moment für Novartis erworben hat, musste wegen seiner unglücklichen Kommunikationspraxis gehen. Was er als Bonus verlangte, war angesichts der Milliardengewinne und glücklichen Investitionen wirklich «peanuts». Die mangelnde Sozialkompetenz, die sich in falscher Kommunikation bestätigte, war auch bei ihm der Grund des frühen Untergangs. Sein Nachfolger als CEO, «Joe» Jimenez, ein Kalifornier, führt den Konzern heute mit strenger Hand, aber einer Lässigkeit, die Schweizern abgeht.

Basel, wo im Norden bald gleich zwei Pharma-Hochhäuser die Stadt überragen werden, ist in den Händen zweier Konzerne und einiger Nebenbetriebe, darunter Lonza und die Basler Messe. Biel ist die Stadt der Uhrenindustrie, vor allem der Swatch Group und Rolex. In Genf leben globale Konzerne mit der UNO und vielen anderen globalen Organisationen perfekt zusammen. In Bern sichern neben der Bundesverwaltung die staatsnahen Konzerne Swisscom, SBB und SRG eine stabile Einwohnerschaft.

Doch jene Risiken, welche die Zukunft der Schweiz bestimmen, treten deutlicher hervor. Mag die Stadt Bern auch gute

Steuerzahler haben, weil der Staat dies mit Gebühren erzwingt, wofür das Schweizer Radio und Fernsehen nur das jüngste Beispiel ist, wo auch jene eine Sondersteuer bezahlen müssen, die weder Radio hören noch fernsehen, so kann der fast eine Million Einwohner zählende Kanton Bern schon seit 20 Jahren seinen Unterhalt nicht mehr aus eigener Kraft finanzieren. Er muss mit über 100 Millionen Franken pro Monat, das sind mehr als drei Millionen Franken pro Tag, künstlich von den Steuerzahlern der anderen Kantone am Leben gehalten werden.

Gleiches gilt für die Alpenkantone vom Wallis hinüber ins Bündnerland. Es gilt sogar für den einst reichen Kanton St. Gallen, der heute armengenössig wie die Berner ist. Es gilt auch für ein Drittel aller rund 2600 Schweizer Gemeinden, die im Rahmen kantonaler Finanzausgleiche von den reichen Gemeinden subventioniert werden. Dieser Zustand ist schon heute unhaltbar, denn in den armen Kantonen und Gemeinden denkt man gar nicht daran, die Kosten ernsthaft zu senken.

Die, gemessen an den umliegenden EU-Staaten, reiche Schweiz, rast soeben in ein Schwarzes Loch. Kantone und Gemeinden sehen für die kommenden Jahre nur Verluste auf sich zukommen. Die beiden Grossbanken zahlen dank Verlustabschreibungen auf Jahre hinaus keine Steuern mehr. Viele andere Unternehmen, wo nicht der Chief Executive Officer regiert, wie es in den Organigrammen heisst, sondern der Chief Financial Officer, der auch die Steuern zu optimieren hat, sehen nicht mehr ein, weshalb sie überhaupt Steuern bezahlen müssen. Die Last fällt auf die privaten Einkommen; weil deren Erträge nicht mehr ausreichen, gehen die Gebühren nach oben. Wir stehen erst am Beginn dieses Prozesses.

Die grosse Blase, welche die alte und die neue Schweizer Elite während dreissig Jahren geschaffen hat, wird mit allen Mitteln am Leben gehalten. Politiker und einsichtige Wirtschaftsführer haben Angst vor diesem «Schwarzen Schwan», dessen Konturen schon erkennbar sind. Die produktiven Teile der Wirtschaft müssen unter allen Umständen am Leben bleiben und sich erneuern. Frauen und längst pensionierte Männer sollen, möglichst zu Tieflöhnen, über ihr Pensionierungsalter hinaus arbeiten. Sie zahlen an die Alters- und Hinterbliebenenversicherung (AHV) schon heute mit über 230 Millionen Franken ein Prozent der Beiträge, ohne dafür eine Gegenleistung in Form einer höheren AHV zu erhalten.

Die Blase muss erhalten bleiben und möglichst noch wachsen, wofür das Bruttoinlandprodukt als Messlatte gilt, denn die Armutsgrenze liegt nicht weit entfernt, sondern ist für viele längst Realität. Über die Hälfte der Schweizer acht Millionen Menschen umfassenden Bevölkerung ist heute schon abhängig von staatlichen Zuwendungen. Es gibt in der Stadt Zürich zwar keine Gutschriften mehr für Wintermäntel für arme ältere Menschen, denn die Winter haben ihre Kraft verloren, aber Gutschriften für günstiges Wohnen, Krankenversicherungen und Betreuungsaufgaben aller Art sind die Regel geworden. Wer keine sozialen Sondergutschriften erhält, darunter auch Steuerabzüge für Menschen und Firmen in schwierigen Situationen, kann sich das Leben in der reichen Schweiz kaum noch leisten. Neben der offiziellen Raumplanung, die aus der heutigen Acht-Millionen-Schweiz eine Elf-Millionen-Schweiz machen will, gibt es eine inoffizielle Raumplanung, die hoch individualistisch ist. Die Menschen arbeiten in den reichen Gemeinden und Städten; sie wohnen in den ärmeren Regionen jenseits dieser städtischen Zentren. War es früher noch eine Vorschrift, wer bei kantonalen Verwaltungen arbeitet, müsse auch im Kanton wohnen und seine Steuern bezahlen, so gilt dies heute längst nicht mehr. Weil die Stadt Bern für Menschen mit hohen Jahreseinkommen eine Steuerhölle ist, dulden es die Bundesbehörden, dass ihre Mitarbeiter im Aargau, im reichen und steuergünstigen Zollikon bei Zürich, in Wohlen im Aargau oder sonst nach freier Wahl leben. Für geografisch bewegliche Menschen, die ihren Anspruch auch durchsetzen können, ist die wohn- und steueroptimierte Schweiz längst Realität.

Wer sich nicht gerne bewegt, sei es auch nur aus der Stadt Winterthur nach Freienbach im Kanton Schwyz, wo die Steuern Rekordtiefe erreicht haben, arbeitet für den Staat, die ärmeren Gemeinden und die armen Kantone. Er arbeitet nicht für sich und seine Familie.

Die Blase, in welcher die Schweiz lebt, wird zur Folge haben, dass die alten Strukturen, wie sie vor 200 Jahren geschaffen wurden, wieder zerfallen. Sie werden erhalten von kantonalen Machteliten, die daraus hohe persönliche Gewinne ziehen. Wenn der Ammann oder Stadtpräsident einer mittelgrossen Stadt für seine Tätigkeit fast 300 000 Franken per annum bezieht, ist dies auf jeden Fall zu viel. Er muss Steuern zahlen, wie jeder andere auch, und die Partei, welche ihn aufgestellt hat, verlangt dafür jährliche Prämien von mehreren zehntausend Franken. Stadtpräsidenten zahlen dies, Richter zahlen dies, National- und Ständeräte nicht minder. Alle leben von diesem alten System, das sich längst überlebt hat.

Die Kosten zur Erhaltung dieser Blase entfallen zu 80% auf den Mittelstand, der kaum Fluchtmöglichkeiten hat. Wer in Bern oder Zürich lebt, sieht sich nicht nur Steuern und wachsenden Abgaben gegenüber. Es ist für ihn auch zu aufwändig, um jenseits der Landesgrenzen seine täglich notwendigen Produkte oder Nahrungsmittel billiger einzukaufen. Dennoch schliessen sich viele am Wochenende jenen endlos langen Autoschlangen an, die sich vor den Parkhäusern in Konstanz oder anderen deutschen Grenzorten stauen.

Das gleiche Bild bietet sich im Tessin, in Genf und in der St. Gallischen Ostschweiz, wo die freundlichen Vorarlberger locken. Der zeitaufwändige und wenig umweltfreundliche Schweizer Einkaufstourismus im Ausland ist ein täglicher Protest vieler Menschen gegen die hohen Lebenshaltungskosten in der Schweiz. Einer meiner Freunde aus dem Detailhandel flüsterte mir jüngst zu: «Wer als Importeur in der Schweiz nicht Milliardär geworden ist, ist ein Depp.»

Wer, wie ich es tue, in der Schweiz einkauft, erhält vom Detailhandel keinen Orden. Meine ausländischen Zeitungen und Magazine sind ebenso übertcuert wie die Bücher, die ich kaufe. Mein Gärtner ist sündhaft teuer und unsere Putzfrau verdient, hoffentlich steuerfrei, mehr als mancher Facharbeiter. Gehe ich mittags mit einem Freund gut essen, also ganz normal und nicht übertrieben, kostet dies pro Kopf gut 200 Franken. Es ist teuer, in der Blase Schweiz zu leben.

Weil das Bruttoinlandprodukt in den letzten Jahren noch mehr steigen musste, um die Kredite des Staates geringer aussehen zu lassen, sind wir der Europäischen Union (EU) in einem Vorgang gefolgt, den grosse Teile des Volks noch nicht bemerkt haben: Die Schweiz hat ihren Wohlstand auch deshalb gesteigert, d.h. die Blase am Leben erhalten, indem sie Prostitution, Schmuggel und den Drogenkonsum in die nationale Wohlstandsstatistik aufgenommen hat. Wer dies wirtschaftlich beurteilt, kann nicht widersprechen. Die Prostitution ist allerorts sichtbar und wird nur mühsam vor den bürgerlichen Quartieren in Schach gehalten. Zeitweise hatte die Stadt Zürich offiziell über viertausend

Prostituierte, «mehr als die Stadt Paris», wie die Polizisten sagten. Diese Mädchen und Frauen machen bürgerliche Vermieter spezieller Wohnungen und Besitzer von Bordellen reich. Einem freisinnigen Unternehmer an der Zürcher Goldküste war es sehr peinlich, als man von seinem diesbezüglichen Nebeneinkommen erfuhr. Im Schmuggel sind wir ohnehin seit Jahrzehnten Weltmeister, erlauben wir im Kanton Neuenburg doch ausländische Zigarettenfabriken, die Produkte herstellen, die wegen ihrer hohen Toxität in der EU verboten sind. Die Ausrede der lokalen und nationalen Politiker: Wie wollen wir im Jura Arbeitsplätze retten, wenn wir dies verbieten? Zur Sicherheit sponsert der gleiche Zigarettenhersteller auch Anlässe ethisch hochstehender journalistischer Organisationen – man kann nie wissen!

Der Drogenkonsum ist ein sicherer Wachstumsmarkt. Als ich dem Generaldirektor einer Grossbank in seinem holzgetäfelten Büro einmal sagte: «In Ihrem Handelsraum riecht es nach Rauschgift», antwortete er kühl: «Keine Sorge, das haben wir unter Kontrolle.» Diese Handelsräume, wo Zins- und andere Manipulationen aufgetreten sind, die jetzt mit Milliarden Franken abgegolten werden müssen, sind, sei es in Zürich oder London, ohnehin enger besetzt als die Ställe von Chüngelzüchtern, die sich an das Schweizer Tierschutzgesetz halten.

Chüngel haben es besser als Händler unserer Banken; kein Wunder, dass Drogen notwendig sind, um einige Jahre die Reaktionsfähigkeit der Schwächeren zu steigern. Ich sage schon längst: «Wenn es dem BIP nützt ...»

Als eher traditioneller Schweizer halte ich mich mehr an die alten Drogen, die man Schweizer Weissweine oder Walliser oder Tessiner Rotweine nennt, die Malanser nicht ausgenommen. Auch die Meistercigarren von Heinrich Villiger will ich mir nicht verbieten lassen, sind doch ein Ledersessel, eine echte Cigar und ein Glas Rotwein ein unglaublich gutes Ambiente, das ich mir auch von Veggis und Veganern nicht nehmen lasse. Da diese einen lange vernachlässigten Zweig der Schweizer Wirtschaft neu entdeckt haben, will ich sie gelten lassen, zumal ihre Produkte eher teuer und nicht für jedermann leicht zu erreichen sind. Welche Art von Lebensqualität plus damit erreicht wird, sei es die Dauer und dessen Intensität, ist mir noch nicht klar. Sehe ich, als Prototyp, den abgemagerten Moritz Leuenberger vor mir, oder den US-Präsidenten Barack Obama, dessen übergrosser Kopf auf einem immer schmaleren Körper sitzt, kommen mir Zweifel. Der morgens um den Zürichsee joggende Brady Dougan, CEO der Credit Suisse, kann schon wegen schwacher Dividendenzahlungen kein Vorbild sein.

Ich glaube an die Zukunft der neuen Drogen, setzt sich doch alt Bundesrätin Ruth Dreifuss, trotz hoher Staatspension offensichtlich unterbeschäftigt, sehr für «Cannabis Rooms» in der Schweiz ein. Was schon in Holland eingeschränkt wurde, weil der Drogentourismus für die Bewohner des Landes unerträglich war, soll nun in der Schweiz Einzug halten. Die ehemalige SP-Bundesrätin steht für zeitgemässe Modernität, daran habe ich keinen Zweifel. Schon in den USA wollen sich derzeit fünf Bundesstaaten mit der Freigabe von Cannabis sanieren. Warum sollten wir es unserer «Schwester»-Nation, deren Geist von Weisheit geprägt ist, nicht nachtun?

Es ist unmöglich, derlei zu beurteilen, ohne einen Blick auf die Politik zu tun. Welche Parteien und Politiker sind es eigentlich, die zu einer derartigen Entwicklung führen?

Die freie, unabhängige und neutrale Schweiz, wie sie bis vor fünfzig Jahren postuliert wurde, war eigentlich eine armselige Sache. Es herrschte ein bescheidener Wohlstand, der immer noch besser war als in jenen Ländern, die vom zweiten 30-jährigen Krieg von 1914–1945 zerstört wurden. In den Städten und Exportzentren gab es seit gut 100 Jahren einen ansehnlichen Wohlstand für wenige, der sich in grossartigen Villen und Stadtwohnungen ausdrückte, aber auch in Kunstsammlungen von europäischer Bedeutung. Auf dem Land sah es anders aus. Dort lebten die Bauern und kleinen Gewerbebetriebe in einer Art stolzer Armut, wo die Freiheit mehr galt als der Wohlstand. Friedrich Schiller und Gottfried Keller hatten die Ideen der glücklichen Schweiz angesichts eines von Fürsten und Diktatoren beherrschten Europas tief in die Köpfe der Eidgenossen versenkt. An den Schulen wurde dieser Geist gelehrt; Wilhelm Tell lebte unter den Schweizern wie heute die Rohstoffhändler von Glencore.

Dieser Nationalheroismus, getragen von in- und ausländischen Schriftstellern, von Generälen, Pfarrern und Politikern in Gehrock und Zylindern, entsprach nie der ganzen Wirklichkeit. Die hungernden Menschen im Kanton Waadt mussten noch vor gut hundert Jahren von der russischen Zarenfamilie unterstützt werden, ganz wie wir heute Lebensmittelhilfe nach Afrika senden. Die Walliser und Bündner waren bitter arm, mussten ihre Kinder ins Ausland, nach Deutschland und Italien verdingen. Aussenseiter, seien es schwangere Mädchen oder verarmte Schriftsteller, aber auch der Gründer des IKRK, des heute weltberühmten wie staatstragenden Internationalen Komitees des Roten Kreuzes, wurden in Armenhäusern am Rande der Dörfer versorgt, Ausgestossene.

War die deutsche Armee, die Wehr in Waffen, schon vor hundert Jahren so gross, dass sie bei den Engländern, die das British Empire führten und «Britannia rules the waves» sangen, den Wunsch auslösten, man ziehe lieber jetzt in den Krieg als später, war die Schweizer Armee mit einem Bestand von über 600 000 Mann noch viel grösser. Die Schweiz hatte ein Volk in Waffen, ganz so, wie es die napoléonischen Volksarmeen waren, die vor 200 Jahren Europa erobern sollten.

Die politische Linke, gegen heftige Gegenwehr, wollte die Schweizer Armee auf ein vernünftiges Mass reduzieren. Es waren die bürgerlichen Politiker, welche dieser Forderung entsprachen. Wo die Wirtschaft derart stark wachsen muss, wo Sozialleistungen immer grössere Budgets erfordern, wo die Welt um die Schweiz immer geschlossener und friedlicher geworden ist, dort hat der Waffenmann an der Grenze keine Aufgabe mehr.

Ich wurde mit dieser Problematik heftig konfrontiert, als ich Bundesrat «Dölf» Ogi Sukkurs gab bei der Einführung der Armee XXI. Sofort begriff ich, den Sinn hinter den Worten leicht erfassend, dass es dieser hohe Magistrat der nationalkonservativen Schweizerischen Volkspartei (SVP) war, der die neutrale Schweizer Armee hin zur NATO führen sollte. Natürlich bestritt er dies mit der ihm eigenen Eloquenz, doch «The proof of the pudding is the eating», er zog die Schweiz hinein in die NATO-Partnerschaft für den Frieden. Wie junge Kommandanten mir dann bestätigten: «An unseren Anhängern befindet sich jetzt neben dem Schweizer Stecker auch der NATO-Stecker.»

Was einst eine Volksarmee war, wo auch mein Walliser Schwiegervater, Bergbauer und Industriearbeiter zugleich, seinen Karabiner im Schrank hatte, ist heute zu einer Armee geschrumpft, die mit geringen Mitteln die eigene Auflösung finanzieren und den Aufbau einer neuen Armee realisieren soll. Es ist ein Schweizer Staatsgeheimnis, wie viele Milliarden Franken für untaugliche Pläne und untaugliches Material vergeudet wurden. Eines wissen wir mit Sicherheit: Die Schweiz, politische Gestalt eines basisdemokratischen Volkes, hat heute eine Armee, die den Namen nicht mehr verdient.

Wo einst in den Kantonen Volk und Armee eines waren, wo Festungen das Land in alle Richtungen beschützten, wo hoch motivierte Offiziere und Mannschaften bereit waren, ihr Land zu verteidigen, sind heute nur noch VBS-Beamte unterwegs, die von den Resten der Armee glänzend leben. Eine verbindliche und glaubwürdige Zielsetzung gibt es nicht, denn ein von der Politik vorgegebener «Sicherheitspolitischer Bericht» wird erst nach den Herbstwahlen in diesem Jahr im kommenden Jahr erwartet. Die Politik hat keine Lust, in diesem Wahljahr das Dossier Armee zu aktivieren.

Weil ich oft mit den alten Obristen wandernd und Konzerte besuchend unterwegs bin, kenne ich deren Depressionen. Sie wandern durch die alten Schlachtfelder der Schweiz, zeigen mir die Aufmarschgebiete gegen die Deutschen und die Russen, und schwärmen von den nächtlichen Übungen, die sie intellektuell und körperlich an die Grenzen ihrer Kraft brachten. Sie erlebten, was in der Harvard Business School, in Stanford und dem IMD in Lausanne heute als allgemeine Praxis gilt: Entscheide unter hohem Stress in kürzester Zeit zu treffen. Dieses militärische Volksweiterbildungs- und Motivationsprogramm wurde ersatzlos gestrichen.

Wer es sich als Deutschschweizer nicht leisten konnte, ins weit entfernte Wallis zu reisen, lernte es durch die Armee kennen. Davon lebten dort die Wirte, die an den Mannschaften nach Feierabend gut verdienten. Die Bauern lebten davon, die ihre Quartiere den Fourieren vermieteten und die Metzger, die der Armee ihre Tiere zur Schlachtung verkauften. Die Armee und die Schweiz waren eines.

Ohne die Armee hätte sich der Tourismus in den Bergkantonen nicht in gleichem Masse entwickelt. Wer dort einmal Dienst machte, kehrte gerne zurück. Man fühlte sich willkommen und wollte mehr wissen über jene Kantone, die auch zur Schweiz gehörten.

Mit dem Zusammenbruch der Schweizer Armee in der Neuzeit hat sich dies geändert. Die kantonale Verankerung, auch mit kantonalen Militärdirektoren, machte einer zentralistischen geführten Armee Platz, die mit zwei kampfstarken Bataillonen der NATO zudienen kann. Dies ist keine Landesverteidigung mehr, wie die USA, Russland, die Türkei oder China dies heute noch kennen.

Gross sind auch die indirekten Verluste. Die Hälfte aller heute lebenden Schweizerinnen und Schweizer war noch nie im Wallis, sagte vor wenigen Monaten der oberste Tourismuschef des Kantons. Mit eigenen Mitteln schafft es ein Bergkanton nie, die dauerhafte Aufmerksamkeit der Deutschschweizer zu gewinnen. Es entsteht ein «Intensity gap», weil die Konkurrenz zu stark ist. Man tut, vielleicht, das Richtige, aber zu wenig stark und zu wenig konsequent, weil die finanziellen und personellen Mittel fehlen. Vor fünfzig Jahren war es die Armee, die gratis für die Bergkantone geworben hat.

Die Schweiz ist deshalb in den Herbst eingetreten. Sie erlebt, im besten Fall, eine Ovid'sche Verwandlung. Der Traum von der alten Schweiz ist in vielen Köpfen der nur langsam alternden Schweizer immer noch erhalten: Ein weitgehend autonomer Igelstaat, klein, aber fein, neutral und unabhängig.

Diese Schweiz löst sich nicht von alleine auf; sie wird aufgelöst. In erster Linie ist es die Wirtschaft, sind es die Besitzer sehr grosser Finanzvermögen und Firmen, die den Zwang erkannt haben, sich im Weltmarkt zu behaupten. Dort wehen andere Winde als zwischen Chiasso und Basel. Die grossen Konzerne, ihre

Anwälte und Treuhänder, ihre PR- und Finanzberater, wollen eine Schweiz, die in Europa, der EU und der Welt perfekt integriert ist. Damit sinken die Kosten einer horizontalen Integration. Sie wollen offene Märkte für Produkte und, das ist die Herausforderung, offene Märkte auch für Menschen. Thomas Schmidheiny, Schweizer Erbe eines grossen Vermögens, sagte es einmal unwiderstehlich: «Warum soll ich für einen Schweizer Ingenieur 140 000 Franken im Jahr zahlen, wenn ein englischer Ingenieur nur 80 000 Franken kostet und ein indischer nur 40 000 Franken?»

«Die Schweiz ist zu teuer», sagte auch der Betriebsleiter der Lonza im Walliser Visp. Für ihn arbeiten 3000 Walliser und Italiener freiwillig mehr als vertraglich festgelegt, damit die Arbeitsplätze des grössten Oberwalliser Industriebetriebs nicht verloren gehen. Die Kantonsregierung gibt Steuererleichterungen, verbilligt die Energie mit finanziellen Zuschüssen und subventioniert damit die Eigentümer der Lonza, einen englischen Hedge Fund.

Solche Hedge Funds, auch «vultures», Geier, genannt, weil sie reich werden am Geld, das sie aus den Firmen ziehen, sollten aus Schweizer Sicht nicht unbedingt verdammt werden. Immerhin sind Schweizer Financiers, reiche Einzelpersonen und Familien weltweit die drittgrössten Lieferanten von Geld an diese Hedge Funds. Viele Schweizer, und ich kenne dies aus der Praxis, haben ihre Firmenanteile verkauft, um damit in besser rentierende Hedge Funds einzusteigen. Es kann also gut sein, dass der gleiche Schweizer Unternehmer, der vor kurzem seine Firma verkauft hat, nun via Hedge Fund Teile davon zurückerwirbt. Er hat im besten Fall den Vorteil, dass der Hedge Fund mit der Firma und ihren Mitarbeitern brutaler umgeht, als er dies hätte tun können, ohne sein Gesicht zu verlieren.

Nicht nur die Unternehmer lösen die alte Schweiz auf, auch die Bildungsinstitutionen folgen dieser Entwicklung. Wer heute seinen Kindern und Enkeln eine gute Bildung vermitteln will, muss sie in Privatschulen senden. Wer die Kinder der wohlhabenden Schweizer Familien sucht, findet sie in London oder an einer der amerikanischen Universitäten und Business Schools. In der Schweiz blühen seit Jahren wieder die Privatschulen im Engadin oder Westschweiz. Das Lycée Français in Gockhausen bei Zürich platzt aus allen Nähten und hat bereits den Grundstein gelegt für einen neuen 42-Mio-Schulbau, der demnächst eröffnet werden soll. Die amerikanisch orientierten «International Schools» sind Anlaufstellen seit Jahren für jene Managerfamilien, die oft nur kurze Zeit in der Schweiz bleiben.

Diese «Third Country Nationals», Nomaden der modernen globalisierten Geschäftswelt, wollen ihre Kinder im «english-US-global-style» erziehen lassen; Einheimische haben nur beschränkten Zutritt.

Die Schweizer Universitäten sind längst globalisiert. Die ETH Zürich, immer noch in Spitzenposition, hat weitaus mehr ausländische Professoren und wissenschaftliche Mitarbeiter als Schweizer. Das gleiche gilt für die Studentenschaft, wo Schweizer Studenten nur noch eine Minderheit ausmachen. Am konsequentesten hat Patrick Aebischer, der Rektor der ETH Lausanne, dieses Globalisierungsprogramm verfolgt.

Mit seinen Initiativen, die auf einer engen Zusammenarbeit zwischen Konzernen, Kantonen und internationalen Institutionen beruhen, hat er dem Standort Lausanne und der Westschweiz einen wirtschaftlichen Boom beschert, der in der Deutschen Schweiz erst zehn Jahre später begriffen wurde. Aebischer, ein in den USA ausgebildeter Schweizer, hat konsequent marktwirtschaftlich und global gehandelt; für die Westschweiz ein gewaltiger Vorteil.

Mehr noch als die Deutsche Schweiz ist die Westschweiz abhängig geworden von den Erfolgen der Globalisierung. Genf ist heute mehr denn je eine Schweizer Stadt, die eher einer Sonderwirtschaftszone gleicht. Wie im alten Alexandria, wo Ägypter, Griechen, Römer und viele andere Völker zusammenlebten, ist Genf zu einem Alexandria der Neuzeit geworden. Die Schweiz investiert viel, um die UNO mit zahlreichen Unterorganisationen am Léman zu halten. Die sich dort treffende Weltgesellschaft hat wenig Kontakt mit eigentlichen Schweizern, höchstens Diplomaten aus Bern, die in Genf ihren Dienst versehen. Dieses globale diplomatische Dorf lebt neben den Vertretern des alten Genfs, einer isolierten Gesellschaft, deren Wohlstand unbestritten ist, Immobilienbesitzer, Privatbankiers, Rentiers. Das Genfer Bürgertum, zerstritten zwischen Konservativen, Erzkonservativen und sozialdemokratisch-grünen Fraktionen, sucht die soziale Balance zu halten, hat aber das nahe gelegene Frankreich als Fluchtort, wo man leben will wie «Gott in Frankreich». Dieses Ideal ist in der gesellschaftlichen Praxis nicht weit entfernt.

Das religiös-intellektuelle Genf, das einem Voltaire und einem Jean-Jacques Rousseau Heimat bot, aber auch einmal das «Rom der Protestanten» genannt wurde, existiert nicht mehr. Die Universität Genf ist so bedeutungslos wie die von Neuenburg oder Basel. Bern macht insofern eine Ausnahme, als man von dort für die Staatsverwaltung noch die Ökonomen holt und einige Orchideenfächer pflegt, die keineswegs bedeutungslos sind. Grosse geistige Anstösse hat man aus Bern und der Westschweiz seit langem nicht mehr vernommen.

Dafür sind in Genf Armut und Überfremdung deutlich erkennbar. Der Politiker-, Beamten-. und Wirtschaftselite steht ein globales Proletariat gegenüber, das als schweizerisch zu bezeichnen wohl mutig wäre. Der Widerspruch zwischen grösstem

Reichtum und bitterer Armut, die von Sozialleistungen abgefedert wird, wird in Genf überaus deutlich. Es ist keine Ausnahme, denn wer durch Basel spaziert, sieht dort Menschen, die man höchstens als «glückliche Arme» bezeichnen kann. Ich kenne solche wunderbare Menschen in Basel, die sich von Fasnacht zu Fasnacht schleppen, die dort zum Medien- und Kultur«kuchen» gehören, aber der Armut kaum entkommen können. Es ist eine Armut mit Charme, immerhin.

Die Universität Zürich taumelt von einer Krise zu anderen, woran auch der jüngste Rektor bisher nichts zu ändern wusste. Immer geringer wird die Zahl der Menschen, die weiss, was dort eigentlich gelehrt wird. Nicht viel tröstlicher ist die Lage im absterbenden Kanton St. Gallen, wo die gleichnamige Universität schon bessere Zeiten erlebt hat. Wo einst der Fürst von Liechtenstein und viele Schweizer wie deutsche Wirtschaftsgrössen, auch Österreicher und Italiener, eine exzellente Ausbildung in Betriebs- und Volkswirtschaft erhielten, mehren sich heute die Zweifel. Wichtige Institute haben während Jahren keine adäquaten Nachfolger gefunden. Was in St. Gallen an Marketing gelehrt wurde, ist heute längst institutionelle Routine geworden.

Emeritus Franz Jaeger, ein ewiger Jüngling von hoher Schlagfertigkeit, zelebriert seinen stets verschobenen Abschied, weil «Joe» Ackermann, der heute nach Zypern deportierte einstige Grossbankier, noch keinen Nachfolger liefern konnte. St. Gallen wächst, aber es ist ein Massenwachstum, kein Qualitätswachstum. Wohin dies führen soll, weiss niemand, zuletzt die St. Galler Regierung, welche dort die Aufsicht führt.

Das europäische Bologna-Modell wurde in der Schweiz zuerst in St. Gallen eingeführt. Es hat mit Sicherheit zur Zerstörung der alten Strukturen geführt, wobei Ärzte und Anwälte sich bis heute erfolgreich weigerten, es zu übernehmen. Diese beiden Berufe, die sich hohen Standesanforderungen stellen müssen, um global wettbewerbsfähig zu bleiben, sind seither expandiert, während es Ökonomen zuhauf gibt, deren Marktwert laufend sinkt.

Prof. Ernst Buschor, der das nationale Schulsystem mehr zertrümmerte als alle anderen, ist mein Nachbar. Immer noch eilt er, die Tasche unter den Arm geklemmt, von Konferenz zu Konferenz. Während man in Zürich noch immer nicht fertig ist, die Scherben zusammenzukehren, die er hinterlassen hat, dreht sich die Spirale der Wissensvernichtung weiter nach unten. In zwei Jahren soll in den Schulen der Schweiz nicht mehr Wissen vermittelt werden, sondern Kompetenz. Ich verstehe das, denn das Wissen vermehrt sich heute mit einer Geschwindigkeit, dass dem Bildungsdirektoren, Bildungsbeamte und Lehrer schon gar nicht nachkommen können. Die zunehmende Dummheit der beiden letzten Lehrergenerationen kann unmöglich dazu führen, dass sie ihre Schüler intelligenter machen.

Alleine schon ihr Widerstand gegen das Lehren von Fremdsprachen, was eigene Kenntnisse voraussetzen würde, macht diesen Beruf obsolet. Die Lehrer werden seit vierzig Jahren nicht mehr richtig ausgebildet. Ist das gewollt? Braucht das Volk nur noch Einfachkenntnisse, ganz nach dem Motto der südafrikanischen Apartheid-Regierung, die «den Schwarzen» nur 800 Wörter zumuten mochte? Alles darüber wäre ja Bildung gewesen.

In Schweizer Schulen soll also künftig nicht mehr Wissen vermittelt werden, sondern es soll die Kompetenz an die Stelle treten, sich Wissen zu erwerben. Wer meint, dies sei Zufall oder falsch interpretiert, irrt. Die Schweizer Wirtschaft, vertreten durch économiesuisse und Arbeitgeberverband, hat längst errechnet, «dass 40 000 importierte Facharbeiter uns acht Milliarden Franken Ausbildungskosten ersparen, ein Drittel der gesamten Ausbildungskosten der Schweiz». Wer seinen eigenen

Landsleuten die Bildung erspart, kann billigere Mitarbeiter aus Osteuropa oder Asien engagieren.

Wohlgemerkt, die oberen fünf Prozent der reicheren Schweizer senden ihre Kinder auf Privatschulen, wo die Welt noch stimmt. Dort lernt man etwas, einschliesslich der Kompetenzen.

Wo die geistigen Fundamente der alten Schweiz aufgelöst werden, wo Wilhelm Tell zur Phantasiefigur erklärt und ebenso wenig gelehrt wird wie Schweizer Geschichte, zeichnen sich neue Perspektiven ab. Kennen Sie den? Schweizer Geschichte wird an den Schweizer Schulen und Hochschulen nicht mehr gelehrt, es sei denn als Teil einer europäischen Geschichte.

Die Professoren, welche heute in Bern und Zürich Schweizer Geschichte lehren, sind Deutsche, die zugegebenermassen von der Schweizer Geschichte wenig verstehen. Sie sinkt ab zur Regional- und Volksgeschichte.

Ein Land, das seine Wurzeln verliert, ist zum Untergang verurteilt. Der Herbst der Schweiz ist noch nicht der Winter der Schweiz, und einen neuen Frühling wollen wir nicht ausschliessen.

Die jetzige Perspektive hat aber nur eine Richtung: Was schweizerisch ist und von der Welt bewundert wird, sinkt ab zum Volkstum. Die Mehrheit des Schweizer Volkes ist bedroht durch einen sich verengenden Bildungshorizont, der nur dann als solcher erkennbar ist, wenn man einige Generationen und deren Wandel zu überblicken vermag. Das Volk geniesst einen fragilen, aber vorläufig noch gesicherten Wohlstand, der durch wachsende Defizite von Bund, Kantonen und Gemeinden kurzfristig gesichert ist. Viele Einkommen sind seit Jahren stagnierend; dies wird häufig ausgeglichen durch kleinere und grosse Erbschaften, die den Lebensstandard sichern. Die Verschuldung auch der Privatpersonen nimmt zu.

Die älteren Schweizer weisen noch jenen Wohlstand auf, der für die Schweiz kennzeichnend ist; bei den Jüngeren ist dies keineswegs mehr der Fall. Sie leben in grosser wirtschaftlicher und sozialer Unsicherheit, weshalb in den grossen Städten über die Hälfte der Bevölkerung aus Singles besteht. Die Auflösung der sozialen Strukturen ist in vollem Gange, Vorgänge, die wir früher nur aus Lateinamerika und Afrika kannten.

Die grossen liberalen Lehrmeister der Schweiz sind nicht mehr. Ihr Bild und ihre Werke sind verblasst. Epigonen mussten dreissig Jahre des Neo-Liberalismus verstehen lernen, der nach dem Ordo-Liberalismus die Führung übernahm. Grosse Schweizer Schriftsteller sind von der Bühne abgetreten. Was ein Max Frisch und ein Friedrich Dürrenmatt gleich nach dem 30-jährigen Weltkrieg des 20. Jahrhunderts leisteten, ist offensichtlich unwiederholbar. Die grossen Autoren der Schweiz sind keine Schöpfer mehr, sondern brillante Erklärer von Zusammenhängen, Apologeten auch, während die Mehrzahl der Lebenden sich vorzugsweise mit dem eigenen Innenleben und dem von Fremden, auch Exoten, beschäftigt. Der Staat fördert nun auch die Literaten mit mehr Geld, als Geist vorhanden ist. Der Leiter des staatlichen Kunstbetriebs, der Millionen zu verteilen hatte, wurde eines falschen Doktortitels überführt. Dies hinderte die auf Biennalen geförderten Schweizer Künstler nicht daran, ihn zu verteidigen. Er habe gut gearbeitet, d.h. für sie, und ein Titel tue nichts zur Sache. Das nennt man pragmatisch. Korrupt daran ist nicht die Verteidigung, sondern die Tatsache, dass man vielerorts von der Titel-Anmassung wusste, einen liebenswürdigen staatlichen Geldgeber aber nicht mit Fragen irritieren wollte.

Wo Menschenrechte und Toleranz seit über einer Generation angesagt sind, haben die christlichen Kirchen ihr Brot verloren. Die Deutungshoheit der evangelisch-protestantischen Kirche, die man in Zürich auf Huldrych Zwingli zurückführte, einem minderen Martin Luther, existiert nicht mehr. Wer einen scharfen Blick auf Details hat, kann bei den Zürchern und – dies vor allem – ihren Frauen den zwinglianischen Kern noch erkennen. Die Frauen tragen fein geschnittene Kostüme und gerne Kleider mit einem eleganten Karo, dazu elegante Blusen mit leicht geschwungenem Schal. Der Auftritt ist überaus elegant, aber bescheiden.

Wer dies schon aus Kostengründen nicht vermag, kommt gerne mit leicht abgewaschenen Kleidungsstücken einer sich bescheiden gebenden Eleganz, welche die drohende oder mindestens vermutete kommende Armut vorwegnimmt. Die Männer sind eher unauffällig und darob als Reformierte erkennbar. Die Kirche selbst schrumpft schneller als das Eis im Whisky-Glas. Weder das einst glanzvolle reformierte Basel noch das reformierte Genf, wo die Weltreligion der Baptisten ihren Anfang genommen hat, liefern in der Schweiz noch nennenswerte Anstösse. Das nun beginnende Lutherjahr wird in der Schweiz weitgehend ignoriert.

Die römisch-katholische Kirche ist in den letzten zwanzig Jahren stärker gewachsen als die reformierte. Dies ist weniger auf kinderreiche oder besonders gläubige Schweizer Familien zurückzuführen, sondern auf Zuwanderer aus dem ehemaligen Jugoslawien, Spanien und Portugal. Die Italiener, jene, die in der Schweiz alt geworden ist, stellen ohnehin eine starke katholische Minderheit.

Man könnte sich vorstellen, dass die Katholiken darum ein besonders vielfältiges religiöses Leben entwickelt haben. Das ist nicht der Fall. Abgesehen von gelegentlichen eher zeremoniellen Begegnungen, wo die Italiener und Mexikaner kochen und die Schweizer Katholiken dies geniessen, gibt es kaum Gemeinsamkeiten.

Die katholischen Schweizer altern, die Kirchen leeren sich. In der Deutschen Schweiz finden noch echte Predigten statt, in der welschen Schweiz, wo es oft nicht einmal mehr Kirchen-Gesangbücher gibt, wirken die Gottesdienste oft sehr eklektisch. Das Volk liest die Liedtexte, die extrem kurz und einfach sind, von der Leinwand ab. Die Priester halten einen Sermon, oft nicht länger als 15 Minuten, der keinerlei aktuelle oder regionale Bezüge hat.

Es zeigt sich, was auch für die Schulen und Hochschulen zutrifft, wer tieferes Christentum sucht, muss auf Spezialgottesdienste ausweichen, sei es der Jesuiten oder in Klöstern wie Einsiedeln. Es fehlt in vielen Kirchgemeinden ohnehin an eigenen Priestern, weshalb Polen, Inder, Afrikaner oder andere, oft in gebrochenem Deutsch, aushelfen müssen. Bei einem solchen Gottesdienst lernte ich auch «Johannes, den Teufel» kennen, dies nur aus einem Grund, weil der Inder das europäische «r» nicht aussprechen konnte.

Versagt haben während Jahrzehnten die Schweizer Bischöfe, die in ihren Bistümern die Gewinnung von Priestern nicht ernst genug genommen haben. Versagt hat auch die Schweizerische Bischofskonferenz, die als Ganzes eine ohnehin fragwürdige Autorität hat, weil sie die Kraft zu einer Wende nicht aufbrachte.

Grosse Teile des Schweizer Volks wendeten sich Freikirchen amerikanischer Art, dem Buddhismus indischer und tibetischer Ausrichtung und sogar dem Islam zu. Dieser wird aufgrund der Zuwanderung in der Schweiz immer stärker und verlangt Rechte, wie sie sich die Juden bereits erkämpft haben. Diese Vielfalt an Religionen wird in Akademien wie der Paulus Akademie in Zürich oder dem jesuitischen Lassalle Haus oberhalb der reichsten Schweizer Stadt, Zug, noch gefördert.

Die Blase Schweiz schillert wirtschaftlich und intellektuell wie eine wirkliche Seifenblase. Die Kräfte, welche auf sie einwirken, befinden sich in einer sehr heiklen Balance. Dieses Wort scheint ohnehin der Schlüssel zu sein für vieles, was die Schweiz kennzeichnet.

Roger de Weck, der mächtige Generaldirektor des Schweizer Fernsehens und Radios, sagt gerne: «Ich muss die Schweiz in der Balance halten.»

Nehmen wir dieses Bild mit: Stellen Sie sich die Schweizer Bevölkerung als eine grosse Menschengruppe vor, die von einer kreisförmigen Grenze umgeben ist. Diese Bevölkerung wird grosszügig mit Unterhaltung versorgt, darf sich bestimmter Drogen bedienen, die frei zugänglich sind, muss täglich 8–10 Stunden arbeiten, und erhält immer weniger Bildung. Sie weiss nicht, was mit ihr geschieht. Sie lebt zwischen TV-Krimi, Jass und Fussball.

Sie wird genährt und organisiert von zwei Prozent der Bevölkerung, etwa 160 000 Menschen, den sehr Reichen und der staatlichen Verwaltung. Die jederzeitige Überwachung ist weitgehend gewährleistet. Der langsame Entzug von Wissen und kritischer Intelligenz wird ausgeglichen durch den Import neuer Menschen, die leichter zu führen sind.

Aus der Blase Schweiz ist in diesem Augenblick das bedrückende Bild eines demokratischen Staates geworden, dessen freie Bürger um ihre Zukunft in Freiheit kämpfen müssen. Sie sehen und erleben die Gefährdung, der sie ausgesetzt sind, aber sie vertrauen auf die Regenerationskraft, die ihr Land während über 700 Jahren auszeichnete, dies ganz nach dem Motto «Sieht es jetzt schlecht aus, wird es morgen besser.»

Auch der Blick über den Zaun der Landesgrenzen macht den Schweizer konservativ. Italien? Im Norden mag man fleissig sein, aber südlich von Rom gibt es keine Rettung mehr. Frankreich? Das schöne Land geht der grössten Krise entgegen, denn es hat zu wenige erfolgreiche Firmen, ganz im Gegensatz zu Deutschland. Österreich: nicht der Rede wert.

Deutschland bleibt die gehasste Hoffnung der Deutschschweizer. Seit zehn Jahren reisen jedes Jahr mehr Schweizer als zuvor in den «nördlichen Kanton». Im nahe gelegenen Schwarzwald ist schon jeder dritte Tourist ein Schweizer. In der Grenzregion leben die Geschäfte, die grosse Kapazitäten aufgebaut haben, von den Schweizern, die vor ihrem eigenen Binnenmarkt flüchten. Deutschland ist stark, hoffentlich bleibt es dabei.

Die Europäische Union, wo viele Schweizer Konzerne längst zuhause sind, ist ein Gegner geblieben. Sie wird als schwach empfunden, ihre Expansionspolitik nach Osteuropa, der Türkei und Nordafrika ist bei der Schweizer Bevölkerung umstritten. Die Schuldenpolitik der EU-Staaten macht vielen Schweizern Angst; sie möchten keinem Gemeinwesen beitreten, das bereits ruiniert ist. «Die EU will unser Geld», sagen viele Schweizer, womit sie nicht unrecht haben, nicht wissend, dass die Schweiz heute schon Milliarden in EU-Kohäsionsfonds und andere EU-Gefässe leitet.

Auf der anderen Seite stehen Spitzenbeamte und Staatsintellektuelle, die den Beitritt der Schweiz zur EU befürworten. Sie sehen die eigenstaatliche Schweiz auf Dauer bedroht, wohl aber auch die Chance, selbst in europäische Ränge aufzusteigen, die Schweizern bisher verweigert worden sind.

Hier wiederholt sich das klassische Modell: Die Eliten suchen die Zusammenarbeit mit anderen Eliten, um den eigenen Elitestatus abzusichern. Das «unmündige Volk», das sich der Öffnung verweigert, wie es heisst, muss wie ein Esel an Schwanz und Ohren nachgezogen werden.

Weil die Schweiz eine klassische Demokratie ist, wo das Volk, der Stimmbürger, den letzten Entscheid hat, ist die Politik entscheidend: Tapfer, aber einsam, oder sicher unter vielen? Im Augenblick laufen die Bestrebungen, das Schweizer Volk zu entmündigen, indem man seinen Widerstand gegen eine kluge Staatsführung bricht. Es wird von den Politikern abhängen, ob dieser Coup gelingt.

Kapitel 4

Männer, Macht und Medien

Der alte Mann von stämmiger Statur redet nicht mehr gerne, schon gar nicht mit solchen, die sein Weltbild nicht teilen. Er schweigt, wo andere wortreich den Zustand der Zeit erläutern, er nickt nur, sucht man seine Zustimmung. Vor der letzten Weihnacht fragte ich ihn: «Was sehen Sie 2015 kommen?» Seine kurze Antwort: «Es wird besser, es geht wieder aufwärts.»

Ulrich Bremi aus Zollikon an der Zürcher Goldküste, der freisinnigsten aller Schweizer Gemeinden, kommend, hat seit einem halben Jahrhundert immer an die Jugend geglaubt und an den Fortschritt. Was er vor vierzig Jahren sagte, unterscheidet sich nicht wesentlich von dem, was er heute ausdrückt. Damit ist er zum Urgestein des Schweizer Freisinns geworden, der aus einer goldenen Zeit des Schweizer Liberalismus herüberragt in eine Gegenwart, die immer noch mit dem Neo-Liberalismus der University of Chicago kämpft.

Als seine politische Welt mit dem Rücktritt von Elisabeth Kopp, einer seiner Meisterschülerinnen, zusammenzubrechen begann, war er längst Unternehmer in eigener Sache und sein Aufstieg begann in die höchsten Ränge der Schweizer Wirtschaft: Swiss Re, die von ihm gerettete damals weltweit grösste Schweizer Rückversicherungsgesellschaft, Verwaltungsrat der Credit Suisse, der zweitgrössten Schweizer Bank, Präsident der «Neue Zürcher Zeitung», dem ordoliberalen Hausorgan des Schweizer Grossbürgertums und des Zürcher Grosskapitals.

Ganz oben, dort, wo heute noch die ganz grossen Villen europäischer und Schweizer Industrieller stehen, am östlichen Berghang über Zumikon, der einen weiten Blick über den Zürichsee bis hinein in die Hochalpen erlaubt, breitet sich ein neu mit Gras überwachsenes Brachland aus. Auf dieser riesigen Fläche stand einst die Villa «Drei Eichen» der ersten Bundesrätin der Schweiz, ein prächtiges Landhaus mit weitem Eingang und grossem parkähnlichem Garten. Auf der anderen Seite der Strasse erstreckt sich der Golfplatz von Zumikon, vor einer Generation eine der reichsten Gemeinden der Schweiz, heute von vielen verlassen, weil die Flugzeuge der Fluggesellschaft Swiss, die der Deutschen Lufthansa gehört, dort schon um sechs Uhr morgens von Süden her anfliegen und deren Landescheinwerfer direkt in die Schlafzimmer der Superreichen leuchten. Viele von ihnen sind in die Innerschweiz geflüchtet.

Der Untergang der Freisinnigen Partei, die den modernen Schweizer Staat massgeblich gegründet und verwaltet hat, begann nicht, wie es die Fama sagt, zwischen Zollikon und Zumikon, wo Ulrich Bremi und Elisabeth Kopp das Kommando führten, sondern war in der Schwäche ihrer ganzen Elite, des Parteivorstands, begründet. Dieser verlor die Nerven, als es zum «Kopp-Skandal» kam, der eigentlich keiner war. Zwei andere Männer standen bereit, auf den Scherben des sich auflösenden Freisinns stehend, eigene Reiche zu bauen: Moritz Leuenberger und Christoph Blocher.

Der beginnende Sturz der FDP wurde zuerst gar nicht wahrgenommen und von denen am meisten verdrängt, die ihn weiter befördern sollten: den Zürcher FDP-Politikern. Sie legten die Parteiführung in die Hände eines ehrgeizigen Aufsteigers aus dem Kanton Uri, Franz Steinegger. Dieser sollte die Partei zehn lange Jahre führen – weiter in den Niedergang. Steinegger, dessen markantes Berglergesicht, verbunden mit einer Schlauheit, die den Alpenbewohnern eigen ist, schärfte sein Profil und vergass es, die FDP neu auszurichten und zu stärken. Im ganzen Land verlor die Fraktion der Städte an Einfluss. Steinegger baute mit seinem «compatriote» Peter Bodenmann, dem jungen Präsidenten der SP Schweiz, einem Oberwalliser Hotelier aus Brig, die «Furka-Fraktion» auf. Die FDP zog es plötzlich nach links und

FDP-Präsident Steinegger verkaufte dies der zweifelnden Öffentlichkeit als Politik der wechselnden Koalitionen.

Ich wusste, dass dies zum Untergang führen würde, war die deutsche FDP, der ich als junger Mann angehörte, doch den gleichen Weg gegangen und zunehmend ins Abseits geraten. Meine Warnungen, Steinegger führe die FDP Schweiz mit seiner schwankenden Politik, die er als pragmatisch verstand, in die Irre, wurden in Bern so wenig wie in Altdorf oder Zürich verstanden, wo man ebenfalls eine «Koalition der Vernunft» mit den Sozialdemokraten eingegangen war. In Wirklichkeit war es der beginnende Verrat an den urliberalen Prinzipien, welche die Schweiz erfolgreich und die Schweizer reich gemacht hatten.

Bei den Schweizer Freisinnigen begann der langsame Ausstieg der Intellektuellen wie des basellandschaftlichen Ständerats René Rhinow, und der Aufstieg der Anwälte und «Macher» vom Stil Kaspar Villigers und Otto Ineichens. Eine Christine Langenberger aus der Waadt konnte den Sturz des Freisinns so wenig bremsen wie ein Gerold Bührer aus Schaffhausen. Fulvio Pelli, der Luganeser Anwalt, blieb für die Deutschschweizer unverständlich, worauf Philipp Müller folgte, ein Gipsermeister und Immobilienspekulant aus dem Aargau. Der starke Freisinn hatte sich aufgelöst, Trümmer blieben zurück.

Der wendige Sozialdemokrat Moritz Leuenberger, als Anwalt wenig bedeutend und als Zürcher Regierungsrat umstritten, wurde Zürichs neuer Bundesrat in Bern und stärkte mit allen Mitteln die «urbane» Bevölkerung, die sich zunehmend aller alten Bindungen und Konventionen entledigte.

Den Todesstoss gab der FDP aber ein anderer, die politische Ausnahmeerscheinung der Schweiz im ausgehenden 20. Jahrhundert: Dr. Christoph Blocher. Der Abkömmling einer schwäbischen Theologenfamilie, die sich durch eine ganze Reihe phantastischer

Persönlichkeiten auszeichnet, hatte noch jene Raubtierinstinkte aufsteigender Klassen, wie sie in der Schweiz schon am Aussterben waren. Stets spürte er die Schwächen der anderen und packte seine Chance mit vollem Einsatz. Sein erster Coup war die Übernahme der Ems Chemie im Bündner Rheintal, wo dem eigentlichen Erben die Kraft fehlte und sich leicht abfinden liess. Sein zweiter Coup war die Übernahme des BGB, der Bauern- und Gewerbepartei, die er als Alternative zum Schweizer Freisinn aufbaute. Beide Coups gelangen und machten Schweizer Geschichte.

Während die FDP zu einer Partei der Wirtschaftslobby absank, wo nach den Regeln der beiden Grossbanken, der Basler Pharmaindustrie und der Bauindustrie politisiert wurde, schuf Christoph Blocher eine neue Wirtschaftspartei, die für das Inlandkapital und die Importwirtschaft wichtig werden sollte. Die FDP, immer mehr zu einer Partei der Anwälte werdend, steht seither dem rasch angewachsenen Auslandkapital zur Verfügung, die SVP dem Inlandkapital. Der heute legendäre Reichtum der Familie Blocher beruht aber auch auf der Finanzspekulation, wo Blochers Schulfreund Martin Ebner eine grosse Rolle spielen sollte. Beide verdienten kräftig am Ausverkauf der Alusuisse und Teilen der Papierindustrie. Blocher, wohl der Intelligentere, blieb reich, während Martin Ebner, den Volkskapitalismus verkündet, erst einmal Pleite ging, Tausende kleinerer Vermögen ebenfalls vernichtend.

Der Aufbau der SVP war nicht alleine Christoph Blochers Werk. Er hatte mit dem offiziellen SVP-Präsidenten Ueli Maurer, einem talentierten Bauernsekretär aus dem Zürcher Oberland, einen ebenso fähigen wie fleissigen Organisator zur Hand. Maurer baute die SVP-Sektionen im ganzen Land auf, und der Zulauf war gewaltig. Nur in der Westschweiz gelang dies bis heute nicht perfekt. Dort setzte sich ein Secondo ungerufen an die Spitze: das

Ausnahmetalent Oskar Freysinger, Sohn eines ins Wallis zugewanderten Tiroler Vaters. Er gründete die SVP Wallis und ist heute dort Regierungs- und Nationalrat, Positionen, die früher nur Vertretern der CVP zur Verfügung standen.

Als Lobbyist für Banken, Pharmafirmen und die Nahrungsmittelindustrie bewegte ich mich in diesen Jahren leicht zwischen den politischen Fraktionen hin und her. Zwanzig Jahre dauerte es, bis wir ein neues Kleinkreditgesetz in Bern durchsetzen konnten. Die Abgasvorschriften der Schweiz waren nicht kompatibel mit denjenigen der Europäischen Union, weshalb wir gegen zusätzliche Auflagen kämpften. Sicher war einer der grössten Coups, den wir mit Hilfe bürgerlicher Politiker und des brillanten Ansgar Gmür, des Direktors des Schweizerischen Hauseigentümerverbandes, durchsetzen konnten, dass die Subventionen für die Zivilschutzkeller, die sich unter den meisten Schweizer Häusern befanden, aufrecht erhalten werden konnten.

Ich formulierte als Schlachtruf für die Lieferanten von Zivilschutzanlagen den Satz: «Zivilschutzkeller sind so wichtig wie die AHV». Die Schweiz war weltweit das führende Land im Bau solcher Keller, die vor feindlichen Atom- oder Gasangriffen schützen sollten. Die in der Schweiz entwickelte Technologie wurde weltweit exportiert und hielt ein Dutzend hochqualifizierter Fachbetriebe am Leben. Nur der Staat Israel konnte noch mithalten.

Die Bauindustrie war gegen unser politisches Projekt, denn die grossen Generalunternehmer fanden, Zivilschutzkeller seien nach dem Kalten Krieg nicht mehr nötig und würden ihre Bauten unnötig verteuern. Nationalstolze Berner Parlamentarier verhinderten den vorzeitigen Untergang dieses technischen Schweizer Sonderfalls.

Die Schweiz in ihrer Nachkriegs-Blütezeit wurde von einer grossen Parteikoalition geführt, die bis zu 80% der Stimmen erreichte. Diese Koalition hat zwar noch Bestand, wirkt aber immer mehr wie eine ausgeleierte Figur des welschen Künstlers Jean Tinguely. Während FDP und SVP sich dauerhaft zerstritten und damit der erfolgreichen Schweiz der Bürger erheblich schadeten, konnten die Sozialdemokraten ihren Marktanteil knapp halten, weil sie die Arbeiterpartei in eine der Angestellten und Staatsbeamten verwandelten. Unterstützt wurde die SP von der Grünen Partei, die, als sie zu stark zu werden drohte, nach dem Modell der CVP und ihrer Tochterpartei CSP, in eine grüne und eine grünliberale Partei gespalten wurde. Das einst stabile Schweizer Parteiengefüge sucht seither eine starke «bürgerliche Mitte» wieder zu besetzen, was zwar beansprucht wird, aber nie mehr gelungen ist. In Wirklichkeit handelt es sich um einen Zerfall der einst festen Parteiburgen.

Bei wachsendem Staatsanteil am Sozialprodukt und seither steigenden Steuern und Gebühren für den Mittelstand war es eine ganz andere Entwicklung, welche die Schweiz zu prägen begann. Gehörten vor einer Generation die grössten Schweizer Banken und Konzerne noch Schweizer Eigentümern, begannen diese nun mit dem grossen Ausverkauf. Im Rahmen der Globalisierung, wie sie in den sechziger Jahren des 20. Jahrhunderts eingesetzt hatte, stiessen Schweizer Konzerne wie Nestlé, BBC und Hoffmann-La Roche immer weiter in die Weltmärkte vor. Als Gegengeschäft öffnete die Schweiz die Türen für ausländisches Kapital mehr denn je. Es begann der Ausverkauf der Schweizer Wirtschaft. Alt Bundesrat Kaspar Villiger sagte es in seiner Rolle als Präsident der UBS: «Die hundert grössten Schweizer Konzerne befinden sich heute in ausländischer Hand oder werden von Ausländern geführt.» Nicht genug damit, Hunderte kleiner und mittlerer Schweizer Unternehmen wurden von Deutschen, Spaniern, Italienern, Russen und vielen anderen Europäern übernommen, dazu von Amerikanern und Asiaten. Wo Schweiz draufsteht, war immer weniger Schweiz drin.

Die immer grösser und globaler werdenden «Schweizer» Konzerne, darunter zunehmend auch die neuen Handelskonzerne vom Stil einer Glencore oder Trafigura, haben mit der Schweiz immer weniger zu tun. Sie schätzen die Schweiz als perfekt organisierten, das Kapital begünstigenden und landschaftlich schönen Standort. Sofern Steuern und Infrastruktur vorteilhaft bleiben, ziehen sie die Schweiz jedem anderen Standort auf dem Globus vor.

In der Folge dieser Entwicklung geriet die eigentliche Schweiz, die des Wilhelm Tell, des Winkelried und des Kampfes gegen ausländische Aggressoren in Vergessenheit. Die linken Philosophen und Historiker des Landes hatten derlei «historisches Mobiliar» längst infrage gestellt und beseitigen lassen. An den Schweizer Universitäten wird Schweizer Geschichte seit Jahren nur noch als Teil der Weltgeschichte vermittelt; oft kommen die Professoren aus Deutschland und kennen die Schweiz und ihre Geschichte nur wenig.

Die erste Generation ausländischer Konzernchefs wie Helmut Maucher von Nestlé, ein Allgäuer, welcher der Schweiz und ihrer Kultur tief verbunden war, diente im weitesten Sinn noch Land und Volk. Es war meine Aufgabe als junger Berater, ihn vor den Angriffen nationalistischer Westschweizer zu schützen, die unter keinen Umständen einen «Boche» als Konzernchef von Nestlé wollten. Dabei war es Maucher, schon vor seiner Berufung nach Vevey ein erfolgreicher Nestlé-Topmanager, der den Konzern vor den Übernahmegelüsten benachbarter US-Konzerne rettete.

Drei denkwürdige Kapitel im Umfeld von Helmut Maucher sollten mich für künftige Auseinandersetzungen auf dem Sektor der Kommunikation fit machen.

Fall 1: Angriff der ersten NGO's

Als NGO's (non government organizations) noch weitgehend unabhängig von Staaten und Konzernen waren, kam es zum ersten Grossangriff. Nestlés Babymilch sollte, weil mit schmutzigem Wasser verunreinigt, Babys töten. Es kam zu weltweiten Demonstrationen gegen Nestlé, die mit grossem Aufwand abgewehrt werden mussten. Ich engagierte den renommierten deutschen Filmer Peter von Zahn, um für Nestlé den Gegenbeweis anzutreten. Fachprofessoren kämpften gegen Fachprofessoren, Ausbildungsschwestern von Nestlé gegen Demonstranten für die Brustnahrung. Die alte Konzernleitung vor Helmut Maucher unter Führung eines St. Gallers zögerte und war verunsichert. Erst als Maucher amerikanische Politprominenz gegen die Demonstranten engagierte, brachen die Proteste zusammen. Ich lernte, was Millionenkampagnen kosten.

Fall 2: Die Guten und die Bösen

Als die amerikanischen Konzerne im Gefolge des Vietnamkrieges immer brutaler expandierten, kam es zum Krieg zwischen den «guten» europäischen und den «bösen» US-Konzernen. Mit Unterstützung anderer grosser europäischer Konzerne richteten wir in den Niederlanden ein «coordination office» ein, das die soziale Verantwortung europäischer Konzerne betonte und sich von der Praxis nichteuropäischer Konzerne distanzierte. Es sollte viele Jahre am Leben bleiben, wurde sehr viel später aber aufgegeben. Dort lernte ich die ersten Stufen auf dem Weg zur Corporate Social Responsibility (CSR) kennen, die heute mehr denn je als Herausforderung betrachtet wird.

Fall 3: Rettet die Marke

Zu Beginn der «Ära Maucher», welchem Peter Brabeck-Letmathé und Paul Bulcke folgen sollten, war der Kampf um das globale Logo von Nestlé, das Nestlé-Nest mit den Vögeln darin, ausgebrochen. Dem Zeitgeist folgend, wollten moderne Grafiker dieses Logo, welches sie als altmodisch empfanden, neu stilisieren. Helmut Maucher fragte mich, was ich davon halte. Ich antwortete: «Mit dem Nest zerstören Sie gleichzeitig die Nestlé-Kultur.» Maucher, einer der wirklich genialen Marketingmanager Europas, hatte den gleichen Gedanken und fühlte sich bestätigt. Das Nest ist heute noch der Markenkern von Nestlé. Noch lange vor dem Markenboom begriff ich die Bedeutung eines solchen Symbols.

Die nun fünfzig Jahre währende Globalisierung der Schweizer Wirtschaft hat das Land tiefgreifender verändert als es die Politik vermochte. Weil ich von früh an den Aufstieg der Konzerne erlebt und beobachtet hatte, sah ich fasziniert, wie Konzernzentralen zu Machtzentren wurden. Fanden zu Beginn die Sitzungen noch in Zürich, Basel oder Genf statt, holten mich die Privatflugzeuge in Kloten bald nach Paris, London oder Amsterdam ab. Als Schweizer Teil eines internationalen Teams erlebte ich die Expansion der Konzerne, ein Prozess, der seither nicht nachgelassen hat und sich soeben wieder verstärkt.

Die Zahl Schweizer Spitzenmanager an solchen Sitzungen ging laufend zurück. Was einmal Sprecher & Schuh hiess, wurde bald zu Rockwell. Die oft etwas schwerfälligen Schweizer Manager wurden abgelöst von «fast talking» amerikanischen Managern, die dann aber oft nicht erfolgreicher sein sollten als ihre Schweizer Vorgänger. In diesen Sitzungen empfahl man mir:

«Macht es in der Schweiz wie wir in Idaho oder Texas. Das ist gut.» Nun, ich zweifelte schon damals daran, ob dieses Rezept überall gültig ist. Eines wurde mir klar: Die Schweiz und Europa wurden zur amerikanischen Provinz.

Ähnlich, wenn auch im grösseren Massstab, ging es beim Schweizer BBC-Konzern zu. Das Unternehmen war fast unbeweglich geworden. Neben den Produkten von Weltklasse gab es immer mehr Kampagnen, die Hunderte von Millionen kosteten, aber nichts mehr einbrachten. Eines Tages musste ich den Schweizer Auftritt an der Industriemesse in Hannover vorbereiten, als mir der Schweizer Projektmanager gestand: «Wir haben die Anschriften unserer Kunden verloren.» Wir mussten innert zehn Tagen im Konzern eine Recherche machen, wo wir die Kunden finden, damit sie überhaupt zur Messe eingeladen werden konnten.

Was die ausländischen neuen Konzernherren nicht veränderten, besorgte McKinsey. Die oft über hundert Jahre alten Unternehmen wurden geschnitten wie Bäume im Herbst. Das war bitter für Zehntausende von Mitarbeitern, die sich neu einrichten mussten. Es bedeutete aber einen grossartigen Modernisierungsschub für die Schweizer Wirtschaft. Ich sass an der Seite der Partners und wir formulierten Botschaften, was dieser Prozess an Vorteilen für die Schweiz mit sich bringen werde.

Makro- und Mikroveränderungen lösten sich in grosser Geschwindigkeit ab und ergänzten sich. Firmen brachen zusammen wie Galaxien in neuen Nebeln, im Kanton Zug und im Fürstentum Liechtenstein wurden die ersten Chipfabriken gebaut. Nur einige Stars, damals Genies genannt, begriffen, welche neue Welt sich daraus entwickeln sollte.

Diese neue Welt hiess aber auch, dass sich die alte Schweiz von der neuen trennen sollte. Während die Banken, nicht nur die drei, später zwei grossen, auch Kantonal- und Privatbanken, auf dem

Globus expandierten, neue Finanzdienstleistungen entwickelt und in den Märkten eingeführt wurden, die alten Restaurants der «Bären» und «Hirschen» in Imbissläden übergingen, wuchs die A-Schweiz der global erfolgreichen Unternehmer, Spitzenmanager, Treuhand- und Anwaltsfirmen, Strategie und Public Relations-Berater, die zu erklären hatten, was geschah. Die Mitarbeiter und Kader der A-Schweiz waren international und global, die der B-Schweiz national und oft provinziell. Immer öfter erlebte ich, wie man sich nicht mehr verstand, wie die Weltsicht sich änderte. Wer in der A-Schweiz viel Geld verdiente, flog am Wochenende mit Partner oder Partnerin nach London oder New York City. Wer in der B-Schweiz meist weniger Geld verdiente, ging am Bodensee oder im Berner Oberland mit seiner Frau spazieren. In der Schweiz begannen sich die Kulturen zu trennen, die Berührungspunkte nahmen ab. Sogar meine Frau klagte: «Dein Mitarbeiter fliegt nach London und wir spazieren nach Itschnach.» Bei Letzterem handelt es sich um eine flache Neubaulandschaft zwischen Zumikon und Küsnacht am Zürichsee. Für mich war der Grund klar: Ich hatte auch am Wochenende genug Arbeit für die kommende Woche.

Die Abspaltung der A- von der B-Schweiz erlebte ich deshalb besonders intensiv, weil ich meinen Kontakt zu den kleinen und mittleren Firmen (KMU) nie aufgegeben hatte. Für Villiger & Söhne, wohin mich schon der junge Kaspar Villiger geholt hatte, bin ich seither begeistert tätig. Wir halfen mit, eine Schweizer Firmenlegende zu schaffen, die seit vielen Jahren von Heinrich Villiger weiter entwickelt worden ist; jedenfalls haben mir die Manager von Dannemann später immer wieder versichert, wie sehr sie unsere Kampagnen, obwohl viel kleiner, bewundert haben. Der Ruf von Heinrich Villiger als Verteidiger der Raucherfreiheit wurde so gross, dass ihn die Cigarettenindustrie, die es nie zu einem bedeutenden Sprecher geschafft hat, um Hilfe gebeten hat. Mit Ueli Bremi und ihm lernte ich, was dauerhafter Imageaufbau bedeutete. Die heutigen allgemein anzutreffenden Kurzzeit-Manager, deren eigener Horizont oft wenige Jahre nicht überschreitet, vermögen derlei nicht zu erreichen.

Der Konflikt zwischen der A- und der B-Schweiz brach erstmals aus, als der verdiente und erfolgreiche ABB-Topmanager Percy Barnevik, ein Schwede, eine Abfindung von über 140 Millionen Franken erhalten sollte. Der Vertrag war von einem Mitglied der Familie Wallenberg, der reichsten schwedischen Familie, unterschrieben. Auf der Schweizer Seite unterschrieb ein Mitglied des Basler Daigs, das sich, von der Basler Handelsgesellschaft kommend, nie wegen überragender Managementfähigkeiten ausgezeichnet hatte. Aus der Sicht der Wallenbergs waren die 140 Millionen berechtigt und verdient, aus der Sicht der B-Schweizer war dies nicht der Fall. Diese zwei Gesellschaftskörper stiessen erstmals ernsthaft zusammen, wobei die Schweizer zusätzlich die falsche Auffassung vertraten, auch die neue Asea Brown Boveri, die ABB, aus einem «merger of equals» mit der BBC hervorgegangen, sei noch «ihre», eine Schweizer Firma. Diese Träume sind längst beerdigt.

Es begann die Zeit der Boni-Kriege, wo ich die Haltung der A-Schweiz vertrat, für eine Milliardärsfamilie seien 140 Millionen Franken Entschädigung für einen erfolgreichen Spitzenmanager, der sie reich gemacht hat, nicht allzu viel. Barnevik verteidigte sich in der Öffentlichkeit so schlecht, wie es später Daniel Vasella in einem vergleichbaren Fall auch tun sollte. Während Barnevik noch eine gewisse Robustheit eigen war, die ihn auf einen Teil seiner Beute verzichten liess, war Dr. Daniel Vasella schon hoch sensitiv. Seine langjährige US-Beraterin hiess ihn auf ein Motorrad steigen und sich ablichten, liess ihn dann ein Buch schreiben, das niemand ernst genommen hat und verschwand viel zu spät von der Bühne. Bea Tschanz, die einstige Swissair-Heldin, weigerte sich mit dem ihr eigenen Eigensinn, für den «Pillendreher» zu arbeiten, obwohl er sie grossartig bezahlen und mit dem Auto täglich von ihrem Wohnort am Zürichsee, den sie nicht verlassen wollte, abholen lassen wollte. Die dann antretende ehemalige Kurzzeit-Chefredaktorin des Zürcher «Tagesanzeiger» konnte Vasellas Ruf so wenig sichern wie es ihren Nachfolgern auch nicht gelang. Es zeigte sich, ganz nach Charles Darwin, dass stürzen muss, was stürzen soll. Wer als Unternehmer oder Manager jetzt noch nicht begriffen hatte, dass professionelle Kommunikation so wichtig ist wie professionelle Rechtsberatung, lebte in der falschen Zeit.

In einer global ausgerichteten Wirtschaft sind die Jahreseinkommen, einmal abgesehen vom damit verbundenen individuellen Risiko, ganz anders bewertet als in der herkömmlichen KMU-Wirtschaft der Schweiz. In keinem anderen Land der Erde wurden die Boni-Kriege derart intensiv ausgefochten wie in der Schweiz. Der Hintergrund mag ein wenig Neid gewesen sein, aber in Wirklichkeit geht die Diskussion bis in das 19. Jahrhundert zurück, wo der Zürcher Poet Gottfried Keller in seinem «Grünen Heinrich» die Warnung ausgesprochen hat: «Lasst einmal die Zeit der Millionäre kommen, dann ist es mit unserer Demokratie vorbei.» Jeder gebildete Schweizer kennt diesen Satz noch, wobei er heute in den Grundschulen nicht mehr vermittelt wird. Diese konservative Schweiz, wo bis vor einer Generation auf den unteren Schulstufen der Begriff «Milliarde» noch nicht einmal gelehrt wurde, wollte das von ihr so empfundene Mass an Ungleichheit und damit Ungerechtigkeit nicht dulden.

Der Schaffhauser Bonbonlieferant Thomas Minder zog dann mit einer Sturheit ohnegleichen, wie sie den besten Schweizern eigen ist, seine Minder-Initiative durch. Über 100 000 Schweizer verlangten mit ihrer Unterschrift, die Boni der Supermanager müssten eingeschränkt werden. Seither ist nicht viel geschehen, Thomas Minder, das Schaffhauser Volk hinter sich wissend, wurde zum Ständerat gewählt. Die Boni der Konzernchefs sind immer noch sehr hoch, auch im internationalen Vergleich.

Thomas Minder ist ein Ein-Themen-Politiker geblieben. In seiner Person, Erbe eines grossen Vaters und eines noch grösseren Grossvaters, die eine erfolgreiche Schweizer Traditionsfirma aufgebaut haben, drücken sich die Ressentiments grosser Teile der Bevölkerung gegen eine Internationalisierung aus. Mehr noch, es ist der frühe Beginn einer Revolte, wie sie auch in anderen europäischen Staaten mit der UKIP in England und «Podemos» in Spanien den Anfang genommen hat.

Der Aufbau einer A-Schweiz als zeitgemässer Ergänzung zu einer herkömmlichen B-Schweiz, die über 95% aller Unternehmen wie der Bevölkerung ausmacht, ist wenig entgegenzustellen, wäre da nicht die Tatsache, dass die B-Schweiz alle jene Mittel aufzubringen hat, welche der Finanzierung einer höchst soliden Schweizer Infrastruktur dienen. Die Vertreter der A-Schweiz, Konzerne, privilegierte Ausländer, Holdinggesellschaften, Firmen von speziellem Status, wie es vielerorts heisst, sind von der Finanzierung der Schweizer Infrastruktur weitgehend entlastet. Sie bezahlen nur wenig Steuern und oft auch gar keine, wie eine Reihe von Skandalen gezeigt hat. Es schafft böses Blut, wenn die Waadtländer Regierung den grössten brasilianischen Bergbaukonzern Vale während Jahren steuerlich über alles Mass begünstigt. Wenn der Ägypter Samih Sawiris sagt, im Urner Andermatt habe man ihm Grund und Boden von der Eidgenossenschaft geschenkt, weshalb er mit seinen Hotelbauten dort kein Risiko eingehe, schafft dies noch mehr böses Blut bei all jenen, die keine solche Vorzugsbehandlung geniessen.

Aufgrund ihrer geringen Steuerleistungen wohnen A-Schweizer aus aller Welt oft an den am meisten bevorzugten Lagen der Schweiz. Die drei grossen griechischen Reeder beherrschen Gstaad im Kanton Bern, die Scheichs aus Katar besitzen bereits ein halbes Dutzend der schönsten Schweizer Hotels und bauen für mehr als eine halbe Milliarde Franken den Innerschweizer Bürgenstock aus. Russische Hotels trifft man in Luzern, in Genf und im Berner Oberland an. Der armengenössige Kanton Tessin wäre ohne den Zuzug von vierhundert reichen russischen Familien wohl Bankrott gegangen. An der Küste des Genfer Sees leben in den grossen Villen mehr reiche Ausländer als wohlhabende Schweizer. Die Bevölkerung nimmt wahr: Die Ausländer leben vorn, wir rutschen nach hinten. Unsere Kinder finden keine Wohnungen mehr.

Getrieben wird diese Ansiedlungsmaschine von grosszügigen kantonalen und Berner Verwaltungen, die Banken, Anwälten und Treuhandfirmen gerne zu Diensten sind. Sie schaffen jene Schweiz des 21. Jahrhunderts, die auch als «Singapur West» bezeichnet werden kann. Eine globale Gesellschaft zieht dort ein, wo die Einheimischen ihr Gut zu hohen Preisen verkaufen. Dieser kurzfristige Rentenboom führt bei jenen zur Erbitterung, die nicht davon profitieren; das ist die grosse Mehrheit.

Die B-Schweiz setzt sich zusammen aus vierzig Prozent der Einheimischen, die keinerlei Ersparnisse haben, aus gut fünfzig Prozent der Bevölkerung, die sich nur mit Zuschüssen für Wohnen, Gesundheit und andere Sozialleistungen einen Aufenthalt im eigenen Land noch leisten können und den Angehörigen eines Mittelstands, der aufgrund von Erbschaften noch etwas Zeit hat.

Es sind nicht mehr als 20–25% der Bevölkerung, die aus eigener Kraft ein gutes Schweizer Leben geniessen können. Jede Krise kann diesen labilen Zustand zusätzlich gefährden, weshalb grosse und wachsende Teile der Bevölkerung einfach Angst haben, sei es vor der Zukunft, dem Alter oder den Ausländern.

Es sieht derzeit nicht danach aus, als würde sich die Lage in den kommenden drei Jahren ändern. Im Gegenteil, die durch die Abschreibungspraxis steuerlich bevorzugten Banken bezahlen schon seit Jahren keine Steuern mehr und werden dies auch künftig kaum tun. Den Milliarden Franken schweren Steuer-Geschenken von alt Bundesrat Hans-Ulrich Merz an Firmen mit hohen inneren Reserven, die sie steuerfrei an die Aktionäre ausschütten dürfen, folgen weitere solcher Geschenke im Rahmen einer Steuerharmonisierung mit der Europäischen Union. Was daraus folgt, ist schon heute absehbar: Immer mehr Kantone und Gemeinden kommen in die tiefroten Zahlen. Die Pflicht, sie auszugleichen, wird den Mitgliedern der B-Schweiz auferlegt.

Weil sich kein Schweizer gerne als B-Schweizer titulieren lässt, da man als Schweizer in der Welt ohnehin immer nur A ist, wird dieser im Gang befindliche Konflikt verdrängt. Er ist tiefgreifender als die Klassenkämpfe im frühen 19. oder beginnenden 20. Jahrhundert, als die hungrigen und demonstrierenden Schweizer von den eigenen Truppen bekämpft wurden. Damals war es ein offener Protest, dem Nahrungsmittelmangel zugrunde lag. Heute sind es langsame Prozesse, die den während über hundert Jahren aufgebauten Mittelstand bedrohen. So kämpft jeder Schweizer Gewerbebetrieb mit meist weniger als zehn Mitarbeitern mit aller Kraft gegen den globalen Wettbewerb, die zunehmenden Belastungen und den Schwund qualifizierter Mitarbeiter. Kein Wunder, die Schweiz hat eine sehr hohe Selbstmordrate, im ganzen Land sind die Psychiater und Psychologen voll beschäftigt, «burn outs» sind die Modekrankheit der Gegenwart und soziale Reparaturwerkstätten aller Art wachsen überdurchschnittlich.

Der B-Schweizer bezieht seinen Trost aus der Tatsache, dass es den Österreichern, Italienern, Franzosen, Deutschen und vielen anderen Völkern noch viel schlechter geht. Sein Stolz beruht auf der Tatsache, dass sein Land noch nicht bankrott ist wie die EU, weniger Arbeitslose hat als alle anderen und der Staat etwas weniger verschuldet ist als viele. Als B-Schweizer geht er im benachbarten Deutschland oder Frankreich einkaufen, weil dort alles billiger ist und sein Zeitaufwand nicht zählt. In der Schweiz kauft er bei Lidl und Aldi ein, ganz wie vor einer Generation kein aufrechter Schweizer bei Migros einkaufen wollte, um dort nicht gesehen zu werden. Heute liefern sich Migros und Coop als staatsnahe Konzerne, welche die Schweizer Landwirtschaft erhalten, erbitterte Gefechte um das Wachstum im In- und Ausland.

Die A-Schweizer wollen auch nicht A-Schweizer genannt werden, um darob nicht ungebührlich aufzufallen. Dennoch ist ihnen nicht jene Bescheidenheit eigen, die sparsame Schweizer noch vor wenigen Jahren auszeichnete. Sie bewohnen grosszügige moderne Wohnungen und Häuser, die sie nur in den seltensten Fällen auch bezahlt haben. Sie leben häufig mit Partnern jeglichen Geschlechts zusammen, weil sie damit weniger Steuern bezahlen müssen. Die echte A-Schweiz erkennt man daran, dass man weiterhin verheiratet ist und sich auch gerne vier und mehr Kinder leistet, die in die besten Schulen gehen. Das muss nicht sofort London oder Boston sein; auch das Benediktinerkloster Einsiedeln hat ein voll ausgebuchtes Gymnasium, wo man alte europäisch-christliche Werte lehrt. In den öffentlichen Schulen ist dies nicht mehr gesichert.

Die B-Schweiz ist einem Schulsystem ausgeliefert, das seit Jahrzehnten schlechter wird. Einer meiner Nachbarn ist der aus

St. Gallen stammende alt Regierungsrat Ernst Buschor, CVP-Mitglied, der im Zürcher Schulsystem mit immer neuen Initiativen das Chaos begonnen hat. Seither ist die Mehrheit jener zu bedauern, die eine öffentliche Zürcher Schule besuchen müssen. Sie treffen dort auf meist alte, offensichtlich müde und überforderte Lehrer, die lange gegeben haben, was sie konnten, dann aber aufgegeben haben. Die systematische Vernichtung des Schweizer Schulsystems durch laufende Innovation ist eine traurige Tatsache.

Keinem A-Schweizer würde es einfallen, sein Kind an eine öffentliche Schule zu senden. Die zahlreichen Schulen für Englischsprachige, das Lycée Français in Gockhausen bei Zürich sind erfolgreiche Zeugen einer A-Schweiz, die höhere Anforderungen stellt. Die Schüler, welche die internationalen Schulen verlassen, sind gleichsam hybride Wesen, für die Gegenwart bestens geeignet. Sie wissen zwischen diversen Kulturen zu unterscheiden und sich zu bewegen. Sie haben auch Bildung, wo an Schweizer Schulen nur noch Kompetenzen vermittelt werden, d.h. die Fähigkeit, mit dem Nichts oder wenig umzugehen.

Die Universität St. Gallen, einst ein Leuchtturm des Schweizer Bildungswesens, hat die grossen Professoren aus der Vergangenheit ebenso verloren wie die heute fast unbedeutende Universität Basel. St. Gallen wird seit Jahren herausgefordert von einem ehemaligen Mitglied seines Spitzenteams: Prof. Dr. Fredmund Malik, der am Fuss der Universität sein eigenes Institut baute, Malik Management, heute eine weltweit tätige Beratungsfirma. Während die Hochschule, auch bei steigenden Studentenzahlen, laufend an Ruf und Einfluss verlor, blieb der geborene Vorarlberger Malik den Prinzipien seiner Lehrer treu, indem er neues Wissen hinzufügte. Die Vorstufe des Untergangs, so zeigt sich, ist stets die Borniertheit, das sichere Gefühl, allen überlegen zu sein.

Unsere Massengesellschaft bringt Studenten zu Genüge, aber wo ist das Mass?

Im Gegensatz dazu hat Frank Aebischer, ein Schweizer amerikanischer Prägung, der ETH Lausanne während zwanzig Jahren einen Auftrieb verpasst, der bemerkenswert ist. Sogar die ETH Zürich, stolz auf viele Nobelpreisträger, hat diesen Konkurrenten zu fürchten gelernt. Aebischer hat Hochschule, Politik und grosse Unternehmen der A-Schweiz mit seinen Visionen zu einem Ganzen verschmolzen. Grosses Geld fliesst dort, wo man Ziele erreichen will. Was sich sonst in der Schweiz Universität nennt, hat Unterhaltungscharakter.

Ist sich das Schweizer Volk dieser Entwicklung bewusst? Einige wissen es, manche spüren und verdrängen es; die meisten haben keine Ahnung. Wieso sollten sie auch wissen, was in den zahlreichen Sitzungen zwischen Regierungsvertretern, Konzern-Lobbyisten und Politikern geschieht? Das Volk glaubt daran, dass die von ihm gewählten Politiker jene Anliegen vertreten, die sie öffentlich publik machen. Dieser Glaube kam mir abhanden, als mir ein kantonaler Parteipräsident den Vertrag zeigte, welchen er vor den Wahlen unterschreiben sollte. Darin forderten die Wirtschaftsverbände auf Punkt und Komma, welche Leistungen sie von seiner Partei erwarteten; andernfalls gebe es kein Geld für den Wahlkampf. Der Präsident fragte mich, ob er dies unterschreiben solle. Ich sagte: «Sie haben keine Wahl.» Die Forderungen in diesem Papier hatten nichts zu tun mit denjenigen, welche das Volk an ihn stellte. Es mag tröstlich sein, dass die Partei später nicht alles erfüllte, was von ihr verlangt wurde, aber der Präsident wusste, dass er dem nicht ausweichen konnte.

Das Schweizer Volk ist sich dieser Entwicklung nicht oder kaum bewusst. Eine 200-jährige demokratische Erfahrung hat ihm Wissen und Ahnungen vermittelt, die in vielen anderen

Ländern nicht vorhanden sind. Daher ist das Volk unruhig und stimmt immer öfter gegen die Empfehlungen seiner eigenen Regierung. Es sieht die Versprechungen seiner Parteien, die Handlungsweise seiner Regierung und seinen eigenen Zustand.

Die Schweiz hat eine wunderbare Medienlandschaft, die nicht verglichen werden kann mit derjenigen Italiens, Österreichs oder anderer Staaten. Alleine das benachbarte Deutschland hat noch freie Medien, welche diesen Namen verdienen.

Dennoch kann diese freien Schweizer Medien nur voll geniessen und nutzen, wer jährlich mindestens 10 000,– Franken für Abonnemente ausgeben kann. Er muss wissen: Was die «Neue Zürcher Zeitung» bietet, ist an den Interessen des Grosskapitals ausgerichtet, was der «Tagesanzeiger» bietet, ist mittelstandsorientiert und verwaltungsnahe. Was die Ringier-Medien bieten, ist Unterhaltung, Sex und politische Opportunität. Jedes Medium hat sein eigenes Profil; erst aus der Summe ergibt sich eine ganzheitliche Ansicht. Wer die «Zürichsee Zeitung» alleine liest, ist so verloren wie der Leser des «Walliser Bote» oder der «Luzerner Neueste Nachrichten». Ohne die Lektüre der von Markus Somm als Mitinhaber und Chefredaktor geformten «Basler Zeitung» gehen wichtige Aspekte der Schweizer Wirklichkeit verloren. Roger Köppel hat eine neue «Weltwoche» entwickelt, die unentbehrlich ist für den wissenden Schweizer.

Die Vielfalt der Schweizer Medien, von den Verlegern Peter Wanner und Hans Peter Lebrument garantiert, ist grossartig. Spezialpublikationen für alle Branchen gibt es in Fülle. Wer es nicht erlebt, kann es nicht beurteilen.

Jedoch, kaum jemand kann dies alles aufnehmen. Als ich im Auftrag der Osloer Verleger Schibsted half, «20 Minuten» in der Schweiz zu gründen und einzuführen, ahnte ich nicht, dass wir die erfolgreichste Gratiszeitung Europas aufbauen würden. Was andernorts in Europa scheiterte, wurde in der Schweiz zum grossen Erfolg. Warum? Es ist diese besondere Zähigkeit, welche unseren Menschenschlag im besten Fall auszeichnet, die zum Erfolg führt. «Learn to fight», sagen die besten Amerikaner. «Ok, let's do it.»

Die SRG, Schweizerische Radio- und Fernsehgesellschaft, ist eine staatliche Organisation, die von jedem Schweizer eine Sondersteuer erheben darf, und nach Aussage ihres Generaldirektors Roger de Weck dazu dient, «die Balance in der Schweiz aufrecht zu erhalten». Roger de Weck ist einer der immer weniger werdenden Schweizer Intellektuellen. Seit er in Bern diese Aufgabe übernommen hat, zieht es er vor, sich zu technischen Fragen zu äussern oder zu schweigen. Die alten Chinesen nannten derartige Persönlichkeiten, die dem Staat dienen, «bonzen».

Was die SRG an tieferen Einsichten über die Schweiz und die Welt liefert, ist, gemessen an der europäischen Konkurrenz, ungenügend. Es ist Fernsehen und Radio für die B-Schweiz. Spitzenmanager dieser Unterhaltungsfirma geben zu: «Wir sind zu schweizerisch.» Sie verstehen darunter jene Jass- und Jodler-Schweiz, welche von vierzig Prozent der Bevölkerung negiert wird.

Derlei Informations-Behörden, ganz wie in der alten DDR auch, verleiten zur Flucht, ausländische Sender erfreuen sich in der Schweiz grösster Beliebtheit: Italienisches TV für die Tessiner, Pariser TV für die Welschen und deutsches TV für die Deutschschweizer.

Die Flucht vor der Realität ist kennzeichnend für die Schweizer Medien. Wer für die Juden schreibt («tachles»), kämpft für deren Lebensraum. Wer für die Bedrückten schreibt («Beobachter») klagt an. Wer für die intellektuellen Liberalen schreibt («Der Monat»), weckt Hoffnungen. Niemand will zur Kenntnis nehmen, dass die Schweiz nach 700 Jahren oder nach 200 Jahren

Modernität in ihren Herbst eingetreten ist. Der Freiheitsbaum ist im Begriff, seine Blätter abzuwerfen.

Europas Nationalgeschichte treibt nach 250 Jahren künstlich erzeugter Blüte ihrem Ende zu. Es braucht keine Nationalgeschichte mehr und keine Schweizer Geschichte, es sei denn als romantische Erzählung am Abend. Wer als junger Schweizer seine Freiheit sucht, findet diese im Internet, einer US-dominierten Weltgemeinschaft, die ihn zum Konsumgut macht. Schon sind die Schweizer Eliten nicht mehr in der Lage, ihre eigene Position und Zielsetzung zu bestimmen. Sie wollen «sie selbst» bleiben oder EU-Europäer oder westliche Weltbürger.

Die Schweizer Medien und Eliten geben keine Orientierung mehr. Sie haben sich der A-Schweiz angeschlossen, ganz wie Jean-Daniel Gerber, vormals Staatsekretär, heute Verwaltungsrat der Credit Suisse. Sie sind nach Asien gefahren, ganz wie Thomas Schmidheiny, ein grosser Schweizer Erbe. Sie haben sich der Kunst verschrieben, ganz wie Oswald Sigg, ein Erbe der Schindler.

Das Schweizer Volk wird dümmer, weil die Aus- und Weiterbildung auf allen Ebenen einfacher wird. Die Schweizer Elite wird globaler, weil sie ihre «home base» verkauft hat und die Welt geniesst. Was heisst das für die Schweiz?

Zuerst ist dies ein kommunikatives Problem: Brauchen wir mehr Verlautbarungs-Journalismus oder eine kommunikative Haltung?

Was sich derzeit in den Verwaltungen oder grösseren Unternehmen als Kommunikation abspielt, ist deshalb ein Trauerspiel, weil unerfahrene Chefs mit noch unerfahrenerem Kommunikationschef zusammen Modelle erstellen, die scheitern müssen. Von Novartis bis UBS, CS, aber auch mit ABB, Schindler oder Nestlé sind die Ergebnisse die gleichen:

– Die Angehörigen der A-Schweiz treten gerne an.
– Die Angehörigen der B-Schweiz fragen sich, wieso?

Die Firmen der A-Schweiz tun sich schwer darin, sich vorzustellen und zu erklären. Sie haben ein Geheimnis, das sie daran hindert, sich zu öffnen. Sie verfahren nach dem Prinzip des alten Schweizer Generalstabs: Need to know.

Die Public Affairs dieser Unternehmen liegen danieder, weil sie global denken und Lokales nur als Hindernis empfinden.

Corporate Communications, die Darstellung der Gesamtheit eines Unternehmens von den Gründern bis in die Gegenwart, bleiben geheimnisvoll. Die bekannten Teile ersetzen nicht das Ganze.

Einzig sichtbar sind die Marketing Communications, der Verkauf von Produkten und Dienstleistungen.

Derlei ist zu wenig, um auf Dauer zu bestehen. Eine Firma braucht eine Geschichte, sei dies Apple oder Red Bull. Ob diese Story realistisch ist oder in Teilen erfunden, spielt keine Rolle. Sepp Blatter spielt die Rolle des FIFA-Präsidenten grossartig; damit ist er schon heute in die Geschichte eingegangen. Die Swarovskis funkeln als Familie wie ihr Glitzer-Imperium, das sie in Wattens/Tirol gegründet haben, nicht wissend, dass daraus einmal ein Weltkonzern entstehen wird.

Die Schweiz ist ein leuchtender Stern in der Gesellschaft aller Staaten dieser Erde. Sie zählt die reichsten Menschen der Erde zu ihren Bewohnern, die schönsten Bergen und Seen. Wer wollte sie infrage stellen als sie selbst? Ist ein Land nicht mehr in der Lage, seine Geschichte zu erzählen, seine Höhepunkte zu zeigen, seine Abenteuer und Herausforderungen zu grossen Themen zu machen, hat es den Herbst erreicht.

Dann haben es die Mächte versteinern lassen, dann sind die Medien in Rituale versunken, dann bunkert sich die Elite in

Ressorts ein, die anderen verweigert bleiben. Dann herrscht draussen die Pest, heisse sie Ebola oder anders, und die Reinen bleiben unter sich.

Die Ambitionen der Schweizer werden bleiben solange die Europäische Union nicht stärker wird. Wie Zypern verarmt, bleibt die Schweiz reich. Wenn Deutschland, Frankreich und Italien verarmen, ist dies eine Katastrophe für unseren Export, aber ein Vertrauensbeweis für uns. La Suisse resiste.

Ist dies eine Täuschung, eine Fata Morgana?

Ich lebe zu sehr inmitten des Schweizer Volkes, dessen Herkunft und Zukunft ungewiss sind. Die Helvetier, welche vom Mittelland an die Rhône ausgewandert sind, um von den Römern bei Bibracte geschlagen zu werden, sind ein phantasievoller Traum. Was dann den Alpenvorraum besiedelte, waren wohl Landstreicher, Wandervölker, Verstossene, Passräuber, wie einige noch heissen.

Sie schufen einen Staat, mehr dem Zufall gehorchend als weiser Voraussicht, der Europas Glanz in sich aufgenommen hat. Die Schweiz, La Suisse.

Heute wird diesen Menschen mehr Freiheit gewährt als vielen anderen. Das Wort vom «Freien Schweizer» hat Gestalt angenommen.

Dieser freie Schweizer hat mehr Freiheiten und Spielraum als alle Türken, Nordafrikaner und Asiaten zusammen. Er kann zur Welt kommen, wenn seine Eltern ihm dies gestatten, denn Abtreibung ist weit verbreitet. Er kann die Welt verlassen, wenn ihm dieses behagt, denn EXIT und Dignitas, dazu ein Dutzend anderer, reichen ihm den tödlichen Trunk zur rechten Zeit.

Stellen wir uns die Schweiz als Arena vor: Darin tummeln sich acht Millionen Menschen in grosser Freiheit, aber weitgehend überwacht, sei es auf Strassen und Plätzen, in Geschäften oder bei grossen Anlässen. Diese Menschen sind gut genährt und erfreuen sich einer gewissen Bildung. Sie sind frei, aber überwacht. Tag und Nacht. In dieser Arena gibt es Freiheiten aller Art: intellektuelle, sexuelle, informelle. Niemand setzt eine Grenze.

Ist dies die Freiheit der Schweizer? Ist sie ein Vorbild für andere? Wohl kaum.

Deshalb entsteht eine gewaltige Natur- und Kulturbewegung, die das Falsche im richtigen Leben aufzusaugen sucht. Die offizielle Schweiz ist dem so wenig gewachsen wie anderen Bewegungen, welche die Schweiz als Heimat gefunden haben.

Bleibt, was nicht zu ändern ist: Schweizer ist, wer die Voralpen und Alpen erreicht und sich dort niedergelassen hat. Die anderen bleiben die Barbaren.

NACHWORT

Die grosse Ratlosigkeit

In diesem Jahr 2015, wo die Politiker mehr denn je aufgefordert sein werden, ihre Vision der Zukunft des Landes zu vermitteln, bohrt sich die Wirklichkeit in die Erde des Landes. Das erfolgt still, wie auf Samtpfoten. Sichtbar sind nur die Folgen, welche von der Mehrheit der Menschen viele Opfer verlangen. Niemand erklärt ihnen, warum dies so sein muss. Es herrscht die grosse Ratlosigkeit.

Wichtig ist die wachsende Stärke der Verwaltung. Weitgehend entmachtet sind die Gemeinden, denn die kantonalen Verwaltungen haben die Gemeindeautonomie längst in einem Masse eingeschränkt, dass ehrgeizige und kompetente Bürger dort kaum mehr Aufgaben übernehmen möchten. Deshalb fehlt es auf Gemeindeebene zunehmend an qualifiziertem Führungsnachwuchs. Kleine Schritte sind angesagt, nicht Gestaltungsmöglichkeiten gesucht, sondern Zusammenschlüsse werden die Zukunft bestimmen.

Was für die Gemeinden im Hinblick auf die Kantone gilt, müssen die Kantone ebenfalls erleben, stehen sie doch unter der Kuratel der Bundesverwaltung, die den Begriff der kantonalen Autonomie sehr willkürlich interpretiert. Schritt für Schritt verabschiedet sich die Schweiz von der Selbständigkeit der Kantone hin zu einer Zentralverwaltung, die ihre Machtentfaltung von Politikern nicht gefährdet sieht.

Die Bundesverwaltung in Bern mit allen ihren Departementen und Behörden ist reich an Gestaltungswillen und -fähigkeiten. Sie versorgt nicht nur die alten Berner Adelsfamilien mit guten Jobs im Bundeshaus, vorzugsweise im diplomatischen Dienst, sondern holt aus den Schweizer Universitäten viele der besten Abgänger, welche die Sicherheit der Karriere eines Staatsbeamten der Unsicherheit kapitalistisch geführter Unternehmen vorziehen.

Diese Bundesverwaltung, gestaltet durch ihre Chefbeamten und Berater, sucht den sanften Weg hin zur Europäischen Union ganz nach dem Motto «Immer daran denken, nie darüber sprechen». Denn das letzte grosse Hindernis, das einer zentralstaatlichen politischen Führung im Wege steht, sind die Stimm- und Aktionsrechte des freien Schweizer Volkes. Längst werden Wege gesucht, den Volkswillen zu brechen, sei es durch neue Initiativen, Professoren, denen die eigene Karriere näherstcht als die Traditionen des Schweizer Volks, oder Politiker, die den Anschluss an die Verwaltung suchen, weil von dort ohnehin die meisten Vorgaben für das Parlament kommen.

Die bürgerlichen Parteien, wozu auch die Sozialdemokraten gerechnet werden müssen, hätten die Aufgabe, diese Schleichströme zu formulieren und zu kontrollieren. Sie haben ihre Führungsaufgabe längst abgegeben und sind zu Erfüllungsgehilfen der Verwaltung und der Wirtschaft geworden. Während CVP-Präsident Christophe Darbellay sich auf die Rückkehr in seinen Heimatkanton Wallis freut, FDP-Präsident Philipp Müller durch nervöses Zappeln den Anschein zu erwecken sucht, seine liberale Partei lebe noch und SP-Präsident Christophe Lévrat eine Aufgabe als Staatsrat sucht, will Christoph Blocher nach vierzig Jahren für seine Volkspartei immer noch den Durchbruch. Die Zahl derjenigen sinkt, die es ihm zutrauen.

Die Ratlosigkeit ist allerorten.

Am meisten gilt dies für den unsicheren Gang der Wirtschaft. Der vor einer Generation noch reiche Kanton St. Gallen ist armengenössig geworden und muss von den anderen Kantonen finanziell unterstützt werden. In den beiden Zwergkantonen Appenzell treten sich die reichen Zuwanderer auf die Füsse. Die Bergkantone, von Graubünden über Glarus, das Urnerland, das Oberwallis und das Berner Oberland, melden eine seit Jahren stagnierende Wirtschaftsleistung.

Die Flucht in den Grossraum Zürich, der sich unterdessen vom Thurgau über Schaffhausen, den südlichen Aargau bis tief in die Zentralschweiz erstreckt, wird anhalten. Mit der Stadt Zürich als Zentralort und der de facto durch Subventionen schon eingemeindeten Stadt Winterthur und dem Wohlstandsgürtel, der sich von Rapperswil am südlichen Ufer des Zürichsees über die Schmidheiny-Halbinsel Hurden, die Millionärs- und Milliardärs-Siedlungen am linken Seeufer bis nach Zug und Luzern hinzieht, ist ein Ballungszentrum rund um den Flughafen Kloten entstanden, das an Grösse der Stadt London nicht nachsteht.

Die dort wohnenden reichen zwanzig Prozent der Schweizer Bevölkerung denken nicht daran, ihren Erfolg aufzudecken. Das einmal jährlich stattfindende Gesellschaftsspiel des deutschen Axel Springer Verlags, die 300 reichsten Schweizer zu beschreiben, ist weniger präzise als die ohnehin kaum präzisen Angaben des führenden Meinungsforschers des Landes. Ohnehin gilt in dieser Höhenlage: Wer weiss, wie viel Geld er wirklich hat, hat keines. Wer es zählen kann, gehört zu den Armen des Landes.

Mehr denn je gehören die erfolgreichen Unternehmen ausländischen Besitzern und deren internationalisierten Unternehmensleitungen. Geborene Schweizer haben es immer schwerer, dort ihre Positionen zu verteidigen. Fachleute und Manager aus aller Welt treiben jene Firmen an, die sich schweizerisch nennen, es aber nur noch juristisch sind: ABB, Swiss, UBS, CS, Nestlé, SGS, Novartis, Glencore, Trafigura und hundert weitere.

Weil die russischen Oligarchen der Schweizer Wirtschaft viel gebracht haben, darunter die wirtschaftliche Rettung des Kantons Tessin durch den Kauf hunderter von Immobilien, den Kauf maroder Industriefirmen und den Bau neuer Hotelanlagen, dazu Handelsfirmen aller Art, hat deren geistiger Anführer Michail Chodorkowski in der Schweiz die Aufenthaltserlaubnis erhalten.

Hundert Jahre nach Wladimir Lenin, der von der Zürcher Altstadt aus die Weltrevolution des 20. Jahrhunderts durch den Sturz der Zarenfamilie auslöste, betreibt «Mischa» nun vom idyllischen Rapperswil aus den Sturz Wladimir Putins. Die Schweiz hat sich, aus dieser Warte betrachtet, wenig verändert.

Ohne die Medien wäre der Informationsstand der Schweizer Bevölkerung katastrophal. Noch verfügt das Land über wenige gut ausgebaute Redaktionen und andere, wo der Fleiss der Journalisten mit gewerkschaftlichen Massstäben nicht zu messen ist.

Wer dann noch weiss, dass die «Neue Zürcher Zeitung» für die Konzerne und innenpolitische Stabilität kommentiert, die Sendungen der SRG ausgelegt sind, «die innere Balance des Landes» zu wahren, der «Tagesanzeiger», das Flaggschiff der Temedia-Gruppe im alten Links-Rechts-Gefüge zu balancieren sucht, findet seinen Weg durch die Eisberge der Schweizer Medienlandschaft leicht.

Es gibt keinen Grund, diese Entwicklung als negativ zu bezeichnen, es sei denn, man wolle die Idylle bewahren, die sich meinem Blick bietet, blicke ich aus der Schreibstube über einen Wald hinüber zur Forch, wo die Voralpen beginnen. Diese Schweizer Idylle wird immer weniger Menschen vorbehalten bleiben. Im Limmattal wie im Zürcher Oberland werden neue Ansiedlungen für bis zu 200 000 Menschen geplant. Die Neun-Millionen-Menschen-Schweiz rollt heran, eine Elf-Millionen-Menschen-Schweiz ist nicht mehr ausgeschlossen. Das bedeutet Wachstum und Gewinne für viele, aber Unsicherheit und unfreiwilliger Wandel für noch mehr.

War es je anders? Nein.